# Steinarbeiten
# im Garten

Alan & Gill Bridgewater

# Steinarbeiten im Garten

16 Gestaltungsideen
Schritt für Schritt erklärt

aus dem Englischen
von Claudia Arlinghaus

E.U.

VERLAG
EUGEN
ULMER

Originalausgabe erschienen 2001 unter dem Titel Stonework for the Garden
bei New Holland Publishers (UK) Ltd,
London • Cape Town • Sydney • Auckland

24 Nutford Place, London WIH 6 DQ , United Kingdom
80 McKenzie Street, Cape Town, 8001, South Africa
Level I, Unit 4, 14 Aquatic Drive, Frenchs Forest, NSW 2086, Australia
Unit IA, 218 Lake Road, Northcote, Auckland

Gestaltung: Glyn Bridgewater
Illustrationen: Alan und Gill Bridgewater
Fotos: Ian Parsons

Die Deutsche Bibliothek – CIP-Einheitsaufnahme

Ein Titeldatensatz für diese Publikation ist bei
Der Deutschen Bibliothek erhältlich

ISBN 3-8001-3587-6

© 2001 Verlag Eugen Ulmer GmbH & Co.
Wollgrasweg 41, 70599 Stuttgart (Hohenheim)
Internet: www.ulmer.de
E-Mail: info@ulmer.de
Übersetzung: Claudia Arlinghaus
Lektorat: Dörte Vieth, Karin Wachsmuth
Satz: Typomedia GmbH, Ostfildern
Printed in Malaysia

# Inhalt

**Einleitung 6**

## Teil 1: Vorgehensweise und Arbeitstechniken  8

## Teil 2: Gestaltungsideen aus Stein  32

# Einleitung

**V**oller Staunen betrachteten wir das erste Mal die Steinmauern, die den Garten unseres am Kai gelegenen Häuschens in Cornwall umschließen. Einfach atemberaubend! Breit und wuchtig hatte man sie aus unbehauenem Kalkstein zu einer Höhe von ein bis über drei Meter aufgeschichtet. Auch alle übrigen Mauern des Dorfes waren in gleicher Bauweise errichtet worden. Neben der Größe dieser Bauwerke bewunderten wir ebenso ihre physische Präsenz und die Tatsache, dass jeder einzelne Stein ohne Mörtel gesetzt war.

Von nun an suchten wir landauf, landab nach Beispielen für interessante Konstruktionen aus Stein. Während der folgenden Jahre sahen wir Steinstufen, die direkt ins Meer führten, massiv gemauerte Eisenbahnüberführungen des berühmten englischen Ingenieurs Isambard Kingdom Brunel, Fördertürme von Zinnminen, steinerne Kellergewölbe und vieles mehr. Nach Jahren des Schauens und Berührens, des Erforschens und Skizzierens wollten wir es selbst einmal probieren. Wir machten uns auf die Suche nach einigen praktischen Ratgebern, mussten jedoch bald feststellen, dass Maurerarbeiten zwar in vielen Büchern beschrieben werden, doch so gut wie nirgendwo brauchbare Anleitungen für Mörtelmischungen oder Maurertechniken existieren. Also beschlossen wir, es einfach selbst auszuprobieren. Und so haben wir uns im Garten an eine Reihe von Bauprojekten gemacht –

von Mauern und Säulen, Wegen und Steingärten bis hin zu japanischen Gärten und Pfeilern – und haben dabei eine Menge Spaß gehabt.

Mit Stein zu arbeiten bedeutet, eine unglaublich lebendige, dynamische Handwerkskunst auszuüben. Die Formen sind groß und beeindruckend, die Techniken ungewöhnlich und ausdrucksstark, und die Ergebnisse sind wahrhaftig imposant und für die Ewigkeit gemacht. Wir möchten Sie einladen, die Ärmel hochzukrempeln, die Herausforderung anzunehmen und etwas zu bauen, auf das Sie stolz sein können!

## ZU IHRER SICHERHEIT

Bei der Arbeitsabläufen mit Stein ist vieles nicht ganz ungefährlich; Sie sollten daher die folgenden Punkte beachten:

- Sie müssen sicher sein, dass Ihre Kräfte für die geplante Arbeit ausreichen. Sollten Sie irgendwelche Zweifel haben, so sprechen Sie mit Ihrem Arzt.
- Beim Anheben großer Steine halten Sie die Belastung für Ihren Rücken am geringsten, wenn Sie tief in die Hocke gehen, den Stein an den Körper pressen und beim Aufstehen darauf achten, dass Ihr Rückgrat senkrecht bleibt.
- Erweist sich ein Steinblock als zu schwer für eine Person, so bitten Sie jemanden um Hilfe.
- Tragen Sie Arbeitshandschuhe, eine Staubmaske und eine Schutzbrille, wenn Sie mit Zement und Kalk arbeiten, Steine meißeln oder den Winkelschleifer benutzen.
- Wenn Sie übermüdet sind, sollten Sie auf keinen Fall Geräte wie Winkelschleifer oder Bohrer benutzen und schweres Heben und Manövrieren meiden.
- Befolgen Sie bei der Arbeit mit dem Winkelschleifer immer die Angaben des Herstellers.

# Teil 1: Vorgehensweise und Arbeitstechniken

# Entwurf und Planung

**Das Geheimnis des Erfolges bei der Arbeit mit Stein liegt im Detail. Es ist unwichtig, ob Sie alt oder jung sind, wichtig sind Ihr Enthusiasmus und Ihr Wille, Zeit auf den Entwurf und die Planung des Unternehmens zu verwenden – von der Auswahl jedes einzelnen Steines über die Koordination der Lieferung bis hin zum Anrühren des Mörtels und zur Reinigung des Werkzeugs. Naturstein verschönert jeden Garten, ob groß oder klein.**

## WICHTIGE VORÜBERLEGUNGEN

- Leben Sie in einer Gegend, wo bevorzugt Stein als Baumaterial verwendet wird? Ist im Umkreis von 20 Kilometern ein Steinbruch angesiedelt?
- Gibt es außer einem Steinbruch andere Bezugsmöglichkeiten in Ihrer Nähe, wie Baustoffhandlungen oder Recycling-Firmen, die alte Baustoffe der Wiederverwertung zuführen?
- Sind die ortsansässigen Betriebe bereit, auch kleine Stückzahlen unterschiedlicher Steinmaterialien auszuliefern?
- Ist Ihr Garten gut zugänglich – über eine wenig frequentierte Straße, ein breites Tor und eine mit größeren Lasten befahrbare Einfahrt?
- Werden die Steine Ihnen oder Ihrem Auto den Weg versperren, wenn sie in der Einfahrt oder am Tor abgeladen werden? Werden sie die Einfahrt beschädigen? Werden sie Kinder oder Passanten gefährden?
- Wie wollen Sie die Steine vom Eingang zum Bauplatz transportieren? Wollen Sie das selbst mit einer Schub- und einer Sackkarre bewältigen, oder wollen Sie die Steine mit Hilfe von Freunden „in Handarbeit" (Rollen und Hebeln) bewegen?
- Ist Ihr Garten halbwegs eben, mit Wegen in Schubkarrenbreite? Oder haben Sie fast nur Rasen mit wenigen Pfaden? Wie wollen Sie in diesem Fall das Material transportieren?

## Die Wahl eines geeigneten Bauprojektes

Haben Sie die Beschaffung der Steine zu Ihrer Zufriedenheit gelöst und Transport und Lieferung organisiert, ist es an der Zeit, sich über die ergonomischen Aspekte Gedanken zu machen – also zu überlegen, wie Sie Arbeitsabläufe und den Transport von schweren Materialien möglichst schonend für Ihren Körper abwickeln. Die meisten unserer Bauvorschläge haben wir bewusst so konzipiert, dass dafür kleine, leicht zu bewältigende Steine benötigt werden (wenn ihr Gesamtgewicht auch ganz erheblich sein kann); doch ein oder zwei Bauprojekte erfordern regelrechte Monolithe. Wollen Sie zum Beispiel den Tisch mit Säulenfuß auf Seite 120 nachbauen, so muss die Tischplatte irgendwie auf den Sockel gehievt werden. Folgende Lösungen bieten sich an: Entweder bauen Sie den Säulenfuß, bevor die Steinplatte geliefert wird, und bitten den Lieferanten, die Platte sofort an Ort und Stelle abzusetzen, oder Sie bitten Freunde und Familie um Hilfe. Nur eines dürfen Sie nicht tun – sich entmutigen lassen!

## Planung des Bauprojektes

Wer auch immer sagte, dass Steinarbeiten zu gleichen Teilen aus Inspiration, Transpiration und Planung bestehen, hatte vollkommen recht. Fehlplanung kann zu vielen Stunden verlorener Zeit und überflüssiger Arbeit führen. So vergaßen wir einmal, dass drei Tonnen Kies geliefert werden sollten, der dann prompt in unserer Einfahrt abgekippt wurde. Glücklicherweise schien die Sonne, denn wir verbrachten etwa achtzehn Stunden damit, den Kies per Schubkarre wegzuschaffen – nur um an unser Auto heranzukommen!

Planen Sie Ihr Bauvorhaben möglichst bis ins letzte Detail. Sinnvollerweise legen Sie es in eine Jahreszeit, in der das Wetter mitspielt, damit der Beton schnell und unproblematisch abbinden kann und nicht vor Frost geschützt werden muss. Spätestens mit der Anlieferung von Sand, Zement und Stein sollten Sie sich über die Details Gedanken machen: Wird das Bauvorhaben andere Aktivitäten behindern? Ist der Untergrund so feucht, uneben oder steinig, dass Sie den Unterbau neu überdenken müssen? Überbauen Sie ein unterirdisches Stromkabel? Wird das Bauwerk den Abzug von Oberflächenwasser behindern? Wird das viele Hin und Her mit Schubkarre und Wasser den Rasen zerstören? Gibt es Nachbarn, die etwas einzuwenden hätten? Sind all diese Fragen geklärt, so transportieren Sie das Material zum Bauplatz und decken es gut ab, so dass es vor jeglicher Witterung geschützt ist.

## Wahl des richtigen Werkzeugs und Baumaterials

Arbeiten Sie zum ersten Mal mit Stein, so sollten Sie sich eine preiswerte Grundausstattung mit dem nötigen Werkzeug zulegen. Auf lange Sicht jedoch sind teure, qualitativ hochwertige Geräte die beste Wahl, denn sie werden viele Jahre ihren Dienst tun.

Für den Anfänger ist es sinnvoll, sein Baumaterial säckeweise zu kaufen; in größeren Mengen sind loser Sand, Kies, Zement und Stein allerdings wesentlich billiger. Zwanzig Zentnersäcke Kies kosten im Baumarkt zum Beispiel dasselbe wie vier Tonnen direkt vom Kieswerk. Dieses trifft auch auf alle anderen Materialien zu. Um Ihre Kosten möglichst gering zu halten, sollten Sie also nach Möglichkeit lose Ware beziehen.

Die Daumenregel lautet: je größer die Bestellung, desto niedriger der Preis, und die meisten Lieferanten lassen gerne mit sich reden. Rufen Sie am besten drei Händler an, nennen Sie Ihre Kaufwünsche und suchen Sie sich das beste Angebot heraus. Geben Sie dann den anderen die Gelegenheit, dieses zu unterbieten. Ist die Preisfrage über das Telefon geklärt, so bitten Sie um schriftliche Bestätigung der Bestellung, inklusive Mengenangaben, Gesamtpreis, Liefertag und -zeit.

# GESTALTUNGSELEMENTE AUS STEIN FÜR DEN GARTEN

**Bunter Weg aus Polygonalplatten**
*Eine abwechslungsreiche, kreative Lösung für einen geschwungenen Pfad.*

**Treppe aus Natursteinplatten**
*So lässt sich abschüssiges und terrassiertes Gelände gut begehen.*

**Sonnenuhr**
*Nicht in die Nähe von Bäumen aufstellen, damit die Sonne einen Großteil des Tages darauf scheinen kann.*

**Hochbeet**
*Bringt Ihre Lieblingsblumen richtig zur Geltung – und macht das Unkraut jäten viel einfacher.*

**Alpiner Steingarten**
*Bindet eine Mauer oder Geländestufe mit ein.*

**Freitragendes Steinsims**
*In einer dicken, starken Mauer verankert – geeignet als Stellfläche für Containerpflanzen oder einfach nur zum Sitzen.*

**Kachelmosaik**
*Eine einladende Sitzfläche in der Nähe des Hauses.*

**Trog aus Torfbeton für Steingartenpflanzen**
*In geschützter Lage am Haus mit Ausrichtung zur Morgensonne.*

**Arbeitstisch aus Stein**
*In geschützter Lage bei einer Mauer topft man gerne ein.*

**Steinbank mit Kamillenpolster**
*Von hier aus kann man bequem den gesamten Garten überblicken.*

**Tisch mit Säulenfuß**
*Am standsichersten auf ebener Rasenfläche mit genügend Platz für Stühle.*

**Trockenmauer aus Bruchsteinen**
*Kann die Böschung eines Steingartens oder eine Terrasse abstützen.*

**Plattenkreis**
*In diesem Fall ein Dreiviertelkreis, der die Mosaikpflasterfläche der Terrasse erweitert.*

*Die weiße Unterbrechung markiert die Lage des Hauses.*

**Spirale aus Flusskieseln**
*Diese Pflasterarbeit belebt den gleichförmigen Belag einer Einfahrt.*

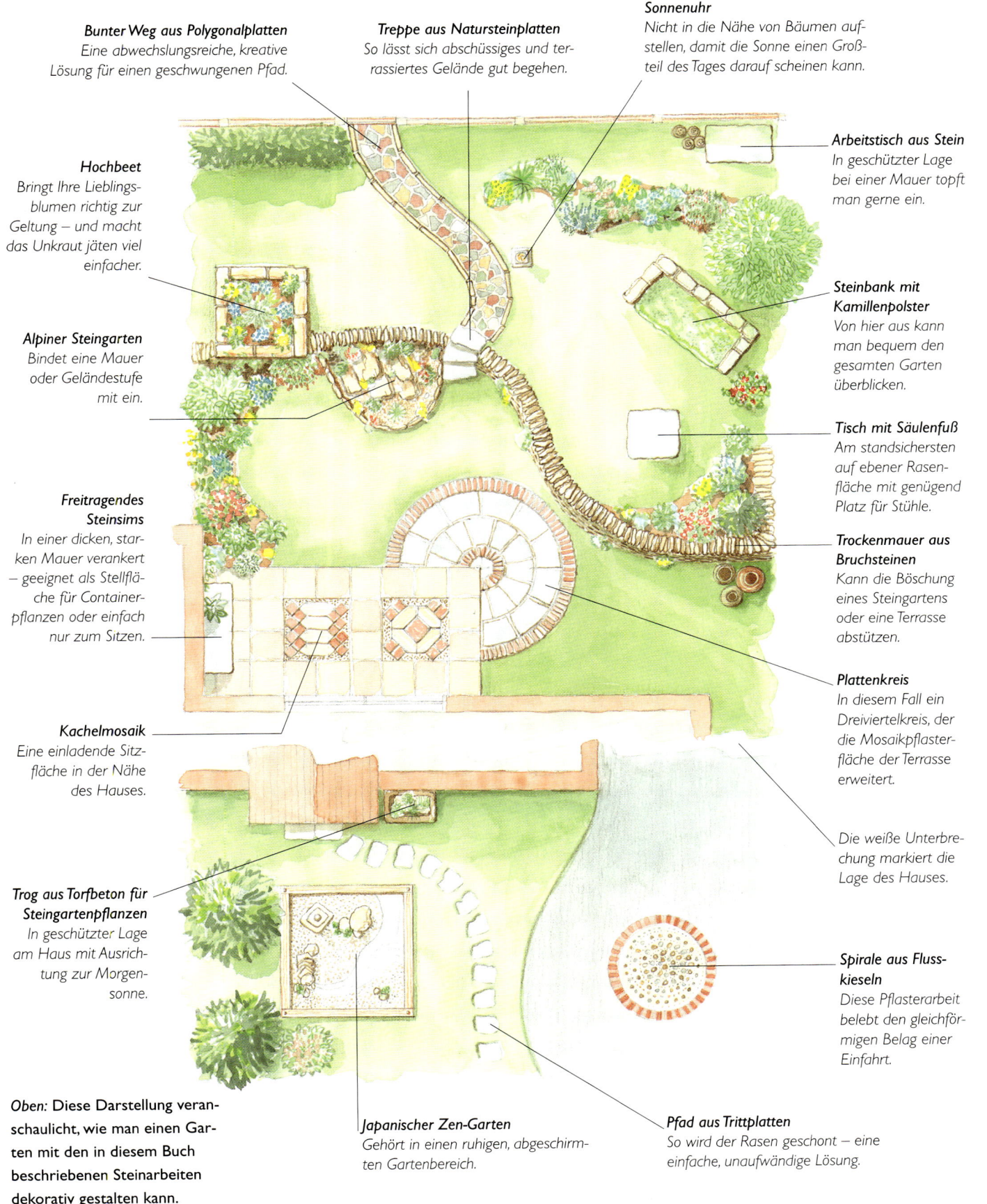

*Oben: Diese Darstellung veranschaulicht, wie man einen Garten mit den in diesem Buch beschriebenen Steinarbeiten dekorativ gestalten kann.*

**Japanischer Zen-Garten**
*Gehört in einen ruhigen, abgeschirmten Gartenbereich.*

**Pfad aus Trittplatten**
*So wird der Rasen geschont – eine einfache, unaufwändige Lösung.*

# Werkzeug

**Das Erfolgsgeheimnis erfolgreicher Steinarbeit liegt im richtigen Werkzeug. Mit hochwertigem Gerät gehen die Arbeiten wesentlich einfacher von der Hand. Es liegt besser in der Hand, ist haltbarer und garantiert, dass das gewählte Bauprojekt in der kürzest möglichen Zeit abgeschlossen wird.**

## GERÄTE FÜR DEN STEINTRANSPORT

*Arbeitshand-schuhe*

*10-Liter-Eimer*

*Sackkarre*

*Schubkarre*

### Schützen Sie Hände und Füße

Tragen Sie feste lederne Arbeitsschuhe, vorzugsweise mit Stahlkappen, damit Ihre Füße nicht von einem fallen gelassenen Stein verletzt werden können; mit Arbeitshandschuhen sind Ihre Hände vor Schnitten, Abschürfungen und ähnlichen Verletzungen sicher. Die Handschuhe sind ein wenig gewöhnungsbedürftig, doch sie schützen Ihre Hände vor der schonungslosen Arbeit mit Hammer und Meißel, beim Heben der Steine und beim Mischen von Sand und Zement.

### So wird die Arbeit leichter

Von allen im Handel erhältlichen Werkzeugen sind Schubkarre, Sackkarre und Eimer diejenigen, die Ihre Maurerarbeiten am ehesten erleichtern. Gegen Ende Ihres ersten Steinprojektes werden Sie Ihre Schub- und Sackkarre schätzen gelernt haben. Eine gute Schubkarre schont den Rücken vor Überbeanspruchung und Strapazen. Investieren Sie in eine Karre mit Luftbereifung und einem Kippbügel. So ausgerüstet, überwinden Sie Stufen und Steine ohne große Mühe und können die Last am Ziel einfach vornüber auskippen. Mit der Schub-karre transportieren Sie hauptsächlich feuchtes und trockenes körniges Material wie Erde, Sand, Kies und Beton.

Mit der Sackkarre befördern Sie schwere Einzelteile wie Zementsäcke, Steinplatten und Findlinge. Mit ihrer Hilfe können Sie die Hebelwirkung ausnutzen, wodurch Sie Gewichte heben und bewegen können, die anders unmöglich zu handhaben sind. Hierzu schieben Sie die Bodenplatte unter den Gegenstand, ziehen an den Griffen nach hinten, bis das Gewicht über den Rädern (dem Drehpunkt) ruht und machen sich auf den Weg. Mit einer stabilen Sackkarre lassen sich je nach Größe des Gegenstandes bis zu maximal 200 Kilogramm problemlos bewältigen.

Und schließlich benötigen Sie mehrere Zehn-Liter-Eimer aus Plastik. Teure Eimer lohnen sich nicht, betrachten Sie sie lieber als Wegwerfware; nehmen Sie die billigsten, die Sie finden können, und gebrauchen Sie sie, bis sie auseinanderbrechen. Manche Händler geben Mengenrabatt. Eimer werden für alles mögliche benötigt, vom Transport kleinerer Mengen Erde, Sand, Kies oder Steine bis hin zum Wasser holen für Mörtel und Zement.

# GERÄTE ZUM MASSNEHMEN UND MARKIEREN

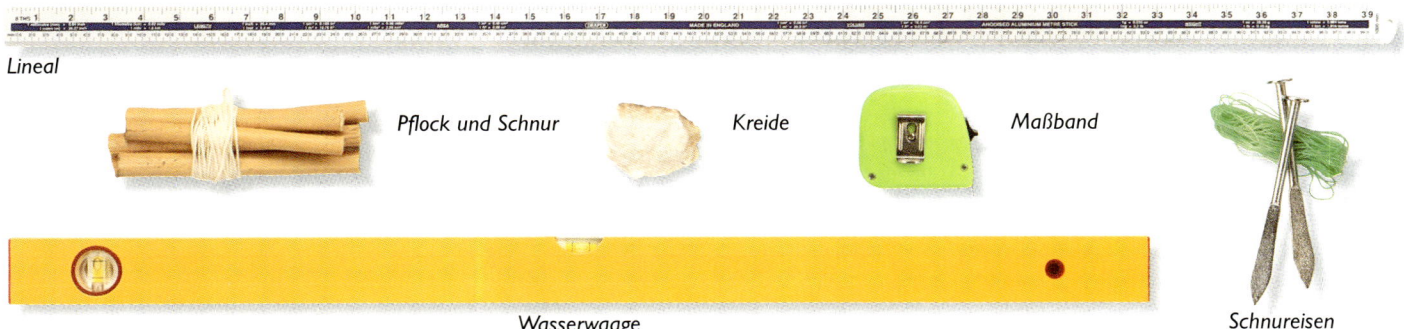

*Lineal*

*Pflock und Schnur*     *Kreide*     *Maßband*

*Wasserwaage*

*Schnureisen*

### Maßnehmen

Idealerweise sollten Sie zwei Messwerkzeuge besitzen – ein Maßband, mit dem Sie das Gelände ausmessen, und einen Zollstock, mit dem Sie beim Bauen die einzelnen Steine und Blöcke abmessen. Ein wasserunempfindliches Maßband aus Glasfaser ist zu bevorzugen, da es der Feuchtigkeit und dem Schmutz der Maurerarbeiten am besten standhält.

### Abstecken

Sie benötigen Pflock und Schnur zum Abstecken des Fundaments, Kreide zum Markieren und eine Aluminium-Wasserwaage, mit der Sie die Horizontalen und Vertikalen des Bauwerks kontrollieren. Eventuell zu ergänzen wären Schnureisen, mit denen Sie die Steinlagen ausrichten und höhenparallel verlegen können. Holzpflöcke treiben Sie mit dem Hammer in den Boden, Schnureisen in eine Mörtellage, so dass Sie die Schnur stramm dazwischen spannen können.

# GERÄTE FÜR DIE VORBEREITUNG DES BAUPLATZES

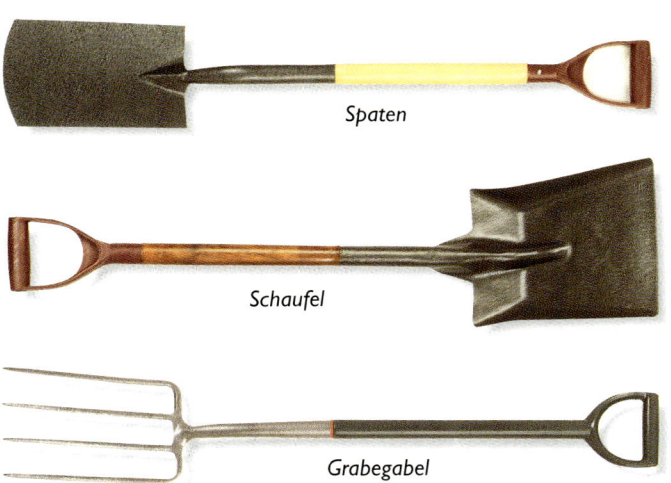

*Spaten*

*Schaufel*

*Grabegabel*

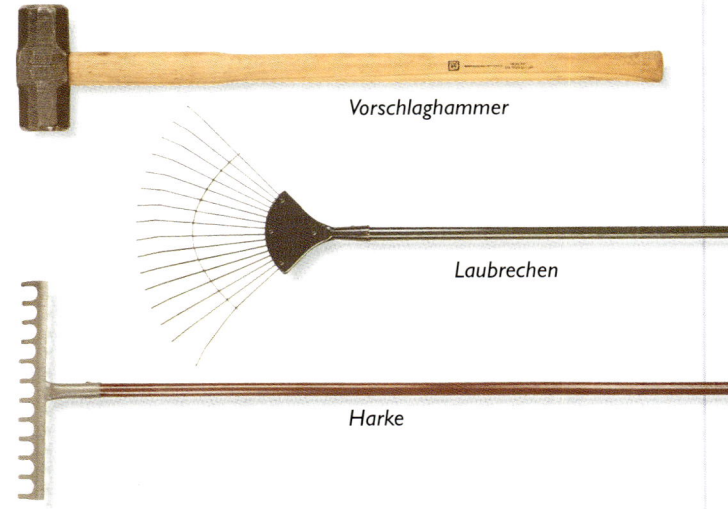

*Vorschlaghammer*

*Laubrechen*

*Harke*

### Abheben von Rasensoden und Ausschachten der Baugrube

Nach Markierung der Fundamentumrisse durchtrennen Sie mit dem Spaten die Rasenschicht und teilen diese in handliche Quadrate. Transportieren Sie die Soden mit der Schubkarre und lagern Sie sie abseits vom Baugeschehen, so dass sie vor Beschädigung und Austrocknung geschützt sind. Anschließend schachten Sie den Boden bis zur notwendigen Tiefe plan aus.

### Verdichten des Unterbaus und Harken

Mit einem Vorschlaghammer lässt sich der Unterbau gut verdichten. Verteilen Sie dazu eine dünne Lage Unterbaumaterial in der Baugrube,

klopfen Sie sie fest und marschieren Sie ein paar Mal darauf hin und her. Erdklumpen lassen sich am besten mit einer Grabegabel schieben und zerkleinern; mit der Harke verteilen Sie Kies und grobe Strandkiesel; den Laubrechen benutzen Sie zum Glätten von Sand und zum Saubermachen.

### Zement mischen und Kies schaufeln

Zum Mischen von Zement und zum Schaufeln von Kies eignet sich am besten eine Schaufel. Achten Sie beim Kauf auf hohe Qualität. Reinigen Sie die Schaufel nach dem Mischen von Zement sorgfältig. Benutzen Sie nie einen Spaten zum Schaufeln und graben Sie nie mit einer Schaufel – beides ist mühsamste Zeitverschwendung!

# GERÄTE FÜR DIE STEINBEARBEITUNG

*Maurerhammer*

*Winkelschleifer (Flex)*

*Kaltmeißel*

*Breiteisen*

*Fäustel*

## So brechen Sie Stein

Die direkteste Methode, Steine zu kürzen oder einzupassen, ist mit dem Maurerhammer, der zu diesem Zweck mit einer Meißelschneide (Finne) ausgestattet ist. So benötigen Sie kein weiteres scharfkantiges Werkzeug wie Meißel oder Stechbeitel. Halten Sie den Stein gut fest und schlagen Sie mit der Finne gleichmäßig und gezielt entlang der Trennlinie. Drehen Sie den Stein um und bearbeiten Sie die Unterseite ebenso, bis das Teilstück abfällt.

Den Maurerhammer benutzen Sie auch zum leichten Einkürzen von Steinen. Halten Sie den Stein mit der zu bearbeitenden Seite in Ihre Richtung und versetzen Sie ihm entlang der Markierung kurze Schläge, so dass die Steinkante absplittert. Wenn Sie zukünftig weitere Projekte realisieren wollen, lohnt sich die Anschaffung einer festen Lederschürze, die Sie vor abspringenden Gesteinssplittern schützt.

## So teilen Sie Stein

Stein mit dem Maurerhammer zu brechen ist eine ungefähre Angelegenheit; Stein zu teilen ist dagegen eine wesentlich akkuratere Arbeit, für die Sie einen Fäustel und ein Breiteisen oder einen Kaltmeißel benötigen.

Das Breiteisen benutzen Sie für schwere Arbeiten, etwa um einen Stein zu halbieren. Wollen Sie den Stein parallel zur Schichtung spalten – als wenn man einen Baumstamm in Wuchsrichtung spaltet – setzen Sie das Breiteisen immer wieder am

Ende an, bis der Stein reißt und sich schließlich teilt. Müssen Sie einen großen Stein senkrecht zum Lager teilen (d.h. stoßen) – so, als würden Sie einen Baumstamm durchsägen – markieren Sie die Stelle mit Kreide und bearbeiten sie mit Fäustel und Breiteisen. Bearbeiten Sie den Stein so lange von allen Seiten, bis er durchbricht.

Der Kaltmeißel wird für feinere Arbeiten eingesetzt, beim Nacharbeiten von Kanten und für Maßarbeit.

## So schneiden Sie Stein

In diesem Buch werden Steinplatten mit einem elektrischen Winkelschleifer (Flex) zugeschnitten. Dazu wird nach Herstellerangaben eine Trennscheibe für Steinarbeiten (Steinblatt) aufmontiert. Legen Sie Staubmaske, Schutzbrille, Arbeitshandschuhe und festes Schuhwerk an. Wegen der starken Staubentwicklung arbeiten Sie am besten im Freien. Legen Sie den Stein auf den Rasen und halten Sie ihn mit dem Fuß fest (aber in gebührendem Abstand von der Markierung!). Setzen Sie die Trennscheibe auf die Markierung und führen Sie das Gerät nach vorne weg. Es macht nichts, wenn die Trennscheibe am Ende vom Stein abrutscht, da sie im Rasen keinen Schaden anrichtet. – Bei Unsicherheiten im Umgang mit einer Flex bitten Sie einen geübten Freund, es Ihnen zu zeigen. Benutzen Sie den Winkelschleifer niemals, wenn Sie müde sind oder in irgendeiner Weise unter Druck stehen.

---

**ACHTUNG**

Für sämtliches Bearbeiten von Stein ist eine Schutzbrille unerlässlich, die Ihre Augen vor Verletzungen durch Staub, Stein- und Metallsplitter schützt. Tragen Sie eine Staubmaske, wenn Sie den Winkelschleifer benutzen.

# GERÄTE FÜR BETON- UND MÖRTELARBEITEN

*Reibebrett*

*Maurerkelle*

*Spitzkelle*

## Beton und Mörtel glätten

Möchten Sie frisch geschütteten Beton oder Mörtel mit einer glatten Oberfläche versehen, so benutzen Sie dafür ein Mörtel- oder Reibebrett. Dieses Brett, das aus Stahl, Holz oder Plastik sein kann, wird mit ebenmäßigem Schwung hin und her bewegt, in etwa wie eine Maurerkelle. Soll sich auf einer später sehr ebenmäßig geplanten Oberfläche das Wasser oben absetzen, benutzen Sie einen Stahlglätter; ansonsten genügt ein Reibebrett aus Holz oder Plastik. Reinigen Sie das Brett nach jedem Gebrauch unter fließendem Wasser, besonders an der Unterseite und um den Handgriff.

## Mörtelarbeiten

Mit der Maurerkelle tragen Sie Mörtel in dicken Batzen auf. Mit der Spitzkelle modellieren Sie Fugen oder kratzen sie für eine dekorative Wirkung aus. Anfänger finden es häufig einfacher, für beides die Spitzkelle zu benutzen. Entscheiden Sie selbst, mit welchem Werkzeug Sie besser arbeiten können, und wechseln Sie ganz nach Ihrem Bedürfnis. Mit der Maurerkelle lässt sich natürlich eine größere Menge Mörtel auf einmal verarbeiten, doch häufig belastet sie das Handgelenk. Kaufen Sie Werkzeug, dessen Griff gut in Ihrer Hand liegt.

# GERÄTE FÜR ABSCHLIESSENDE ARBEITEN

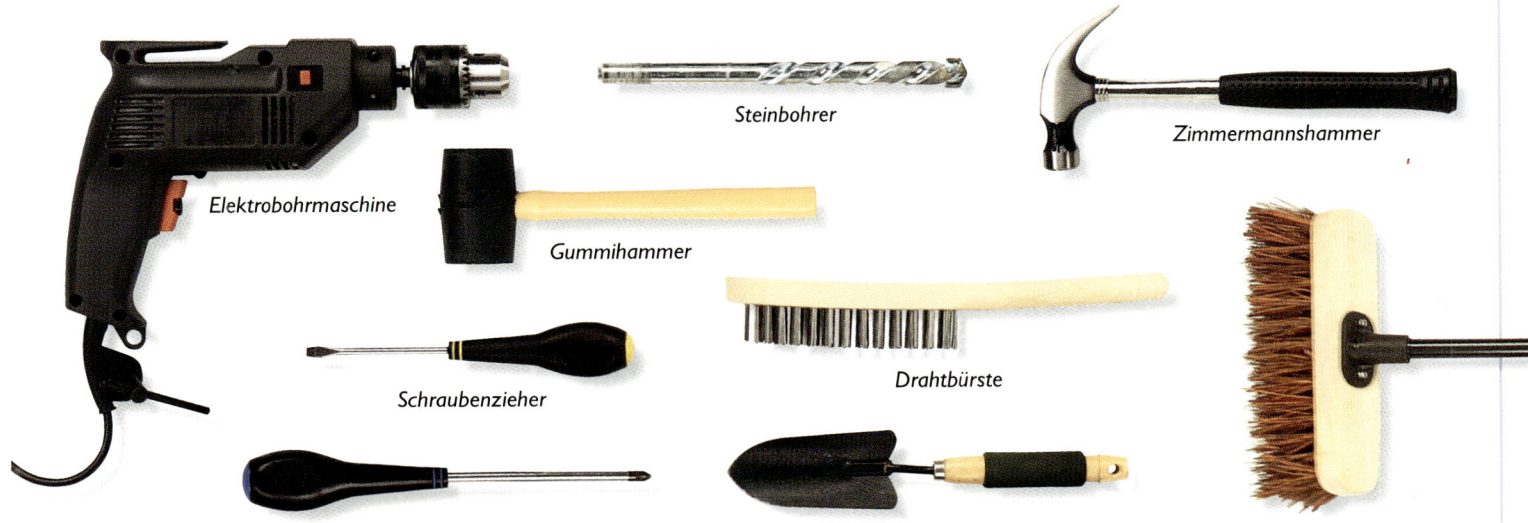

*Elektrobohrmaschine*

*Steinbohrer*

*Zimmermannshammer*

*Gummihammer*

*Schraubenzieher*

*Drahtbürste*

*Kreuzschlitzschraubenzieher*

*Pflanzschippe*

*Baubesen*

## Löcher und Verbinder

Bei Maurerarbeiten sind auch Löcher zu bohren, Nägel einzutreiben und Schrauben anzuziehen. Löcher in Stein bohren Sie am besten mit einer elektrischen Bohrmaschine mit Steinbohrer, mit dem Zimmermannshammer nageln Sie eine Verschalung zusammen und für Schrauben benutzen Sie sowohl normale Schraubenzieher als auch solche mit Kreuzschlitz. Eine große Profi-Bohrmaschine mieten Sie am besten tageweise bei einer Werkzeugvermietung.

## Ausrichten und Säubern

Einen Gummihammer verwenden Sie, sobald einzelne Steine ausgerichtet werden sollen. Mit der Drahtbürste befreien Sie nach Ab-

schluss der Mörtelarbeiten die Steinflächen von Mörtelklümpchen. Nach einem langen Arbeitstag gehen mit einem guten steifen Baubesen die ungeliebten Aufräumarbeiten viel leichter von der Hand. Spülen Sie den Besen nach Gebrauch aus und stellen Sie ihn kopfüber zum Trocknen auf.

## Pflanzarbeiten

Eine kleine Pflanzschippe benötigen Sie zum Beispiel, um das Hochbeet auf Seite 52 und den alpinen Steingarten auf Seite 42 bunt zu bepflanzen. Sie ist außerdem ein handliches kleines Werkzeug, mit dem sich Sand und Zement in geringen Mengen aufnehmen lassen. Kaufen Sie zwei für die beiden unterschiedlichen Zwecke.

# Materialien

Uns geht es hier nicht um die geologischen Eigenschaften der unterschiedlichen Gesteinsarten – abgesehen von ihrer Identifizierung ist es für unsere Bauvorhaben vollkommen belanglos, ob es sich um metamorphes oder um Eruptivgestein handelt. Wir beschränken uns daher auf die üblichen Bezeichnungen und die für die Bearbeitung wichtigen Eigenarten der Steine.

## NATURSTEIN

Yorkstein

Wegeplatte

Findling

Kalkwerkstein

Rosa Kalkstein

Kalkquader

Verwitterte Steinplatte

Kieselsteine

Bruchstein

Feuerstein

Dachschiefer

## Kalkstein

Früher war Kalkstein ein äußerst beliebtes Baumaterial, da er sich leicht in jeder Richtung zu Stufen, Platten und Blöcken bearbeiten lässt. Inzwischen ist jedoch eine solche Vielfalt an Kunststeinen in Kalkstein-Optik im Handel, dass das Original nicht mehr sehr gefragt ist. Während gesägter und mit einer Ansichtsfläche versehener Kalkstein (so genannter Werkstein) neu geradezu unerschwinglich ist, kann man ihn bei Bauhändlern, die gebrauchte Baumaterialien anbieten, zu tragbaren Preisen finden. Bei unserer Suche nach weißen Steinquadern für die Steinlaterne unseres japanischen Zen-Gartens (S. 82) stellte sich heraus, dass alter, aus der Wiederverwertung

stammender Kalkstein bei weitem die beste und attraktivste Lösung war.

Bevor Sie Kalkstein verlegen, müssen Sie die Richtung der Gesteinsschichtung (Lager) feststellen, denn diese sollte waagerecht liegen. Können Sie den Verlauf der Gesteinsschicht nicht bestimmen, versuchen Sie an vorhandenen Spuren zu erkennen, wie der Stein früher eingebaut war, und richten Sie sich danach.

## Sandstein

Sand- und Kalkstein sind Sedimentgesteine: Sie entstanden aus losem Material, das unter enormem Druck verdichtet wurde.

Kalkstein besteht aus organischen Ablagerungen wie Muschelkalk und Fossilien, Sandstein aus Quarz- und Sandpartikeln.

Sandstein gibt es von rötlich über braun bis hin zu schwarz, grün und graublau. Manche Arten sind so hart, dass ein kräftiger Schlag sie zum Klingen bringt, andere so weich, dass sie wie ein trockener Keks zerbröseln. Je nach Sorte eignet sich Sandstein für Trockenmauern, Trittsteine und Steinplatten. Machen Sie einen Bogen um Sandstein, der bei bloßer Berührung abblättert, da er wahrscheinlich frostgeschädigt ist und auch zukünftig nicht frostbeständig sein wird.

## Schiefer
Geologischer Ursprung des Schiefergesteins sind Tonablagerungen, die sich unter starkem Druck erhitzten. Charakteristisch für Schiefer sind blaue, schwarze oder grüne Farbtöne und die glatte, glänzende Oberfläche. Er lässt sich in dünne Tafeln spalten, die hauptsächlich für Überdachungen verwendet werden.

Man kann Schiefer als Bruchstein verwenden, wie er im Steinbruch angeboten wird, und als plattigen Dachschiefer, den man im Recycling-Baustoffhandel erhält. Während Schiefer so stark mit Kalk- und Sandstein kontrastiert, dass er nicht gleichberechtigt mit ihnen verbaut werden sollte, wirkt er, zurückhaltend eingesetzt, als hübscher Farbkontrast.

## Granit
Ohne Zweifel handelt es sich bei Granit um ein unwahrscheinlich robustes Material, das sowohl in seiner Struktur als auch farblich ausgesprochen attraktiv ist – es gibt ihn von dunklem Grünblau bis hin zu Rosagrau –, doch ist er so hart, dass er sich kaum verarbeiten lässt. Man kann ihn natürlich mühsamst mit dem Winkelschleifer bearbeiten, und manchmal hat man auch mit Hammer und Breiteisen Glück, doch meist ist er unmöglich zu spalten. Wollen Sie unbedingt Granit benutzen, suchen Sie sich beim Steinmetz solche Stücke, die von vornherein passen. So könnten Sie zum Beispiel die Laterne für den japanischen Zen-Garten auf Seite 82 aus altem Straßenpflaster und Bordsteinen konstruieren, den Pflasterkreis auf Seite 70 mit Granitquadern säumen, größere Felsen als besondere Akzente in den alpinen Steingarten auf Seite 42 einbauen oder sogar einen alten Grenzstein als Gartenwächter aufstellen. Überlegen Sie es sich sehr gut, bevor Sie einen Granitstein kaufen, der größer als nötig ist, da er sich im allgemeinen so schlecht bearbeiten lässt, dass das Ergebnis den Geräteverschleiß nicht lohnt. Eine der einfachsten Möglichkeiten ist die Verwendung von Granitbruchstein als dekorativer Schotterbelag.

# KUNSTSTEIN

*Hohlblock-Kunststein*

*Polygonalplatten*

*Betonmosaikkachel*

*Kunststeinplatte*

## Kunststeinblöcke
Kunststeinblöcke ahmen das Aussehen von Naturstein nach; sie bestehen aus Beton, der mit einem Zuschlag aus dem kopierten Gestein angemischt sein kann. Kunststein gibt es als Hohlblock mit zwei Ansichtsflächen, der bearbeiteten Kalkstein nachahmt, als Bruchstein-Imitat, als Kalkwerkstein und in vielen weiteren Ausführungen. Häufig kann man Kunststein günstig direkt vom Hersteller beziehen.

Vielleicht möchten Sie aus Kostengründen Kunststein verwenden, doch mit der Attraktivität des echten kann er sich kaum messen. Am besten betrachten Sie dieses Material als einen kleinen Vorgeschmack auf das wirkliche Abenteuer – die Verarbeitung von Naturstein.

## Kunststeinplatten
Im Gegensatz zu den meist ziemlich plump wirkenden Kunststeinblöcken sind Kunststeinplatten eine gute Alternative zu Natursteinmaterial. Wie die Blöcke enthalten auch sie oft einen Zuschlag aus dem kopierten Material; häufig sind sie derart überzeugend, dass sie sich auf den ersten Blick nicht von echtem Stein unterscheiden lassen. Solche Platten gibt es in allen möglichen Formen, Größen, Farben und Oberflächen: Mosaiksteine, die wie rote unglasierte Kacheln wirken, Sandsteinplatten, Segmente in Naturstein- oder Ziegeloptik, Pflastersteine und vieles mehr. Sie können diese preisgünstigeren Varianten für alle dünnen Steinschichten verwenden, doch wählen Sie immer so genannte farbechte Kunststeinplatten.

# SCHOTTER, KIES, SAND, ZEMENT UND KALK

*Kalksteinschotter*

*Gerundeter Kies*

*Rosa Kies*

*Mittelfeiner Kies*

*Feinkies*

*Muschelschrot*

*Brechsand*

*Kiessand-Gemisch*

*Feinsand*

*Zement*

*Kalk*

---

**ACHTUNG**

Zement und Kalk wirken ätzend und können zu schweren Verbrennungen führen. Tragen Sie grundsätzlich Schutzbrille und Handschuhe und waschen Sie sich nach der Arbeit Hände und Gesicht.

---

## Feinsand

Feinen Sand benutzt man zum Anmischen von geschmeidigem Mörtel. Es gibt ihn im Sack und lose zu kaufen; Farbe und Körnung des Sandes entspricht meist dem ortstypischen Gestein. Wenn Sie heimischen Stein verbauen, sollten Sie am besten auch Sand aus Ihrer näheren Umgebung verwenden. Der Baustoffhandel bezieht auch Ware aus weiter entfernten Kiesgruben; sehen Sie sich daher den Sand unbedingt vorher an. Sand von einem nahe gelegenen Abbaugebiet besitzt neben einer passenden Farbe auch einen guten Preis.

Vergewissern Sie sich, dass der Sand gründlich gewaschen ist und keine Salze oder Lehmpartikel enthält. Salz zerstört Mörtel und Beton. Riecht der Sand unangenehm, enthält er tierische oder pflanzliche Reste oder er ist anderweitig verschmutzt; beziehen Sie ihn lieber von anderer Stelle.

## Brechsand

Brech- oder Bausand verwendet man meist für Beton, mit feinem Sand gemischt auch für grobkörnigen Mörtel. Bezüglich Farbe und Kosten trifft auf Brechsand in etwa das selbe zu wie auf Feinsand. Unabhängig vom Sandabbaugebiet muss das Material frei von Ton, Lehm und jeglichem organischen Material sein.

Im Baumarkt wird grundsätzlich nur sauberer, gewaschener Sand angeboten. Sollten Sie länger und dabei unsachgemäß gelagerten Sand verwenden wollen, kneten Sie ihn zuvor in der Hand: sauberer Sand verfärbt die Finger nicht. Ein weiterer Trick: Rühren Sie Sand in ein Glas Wasser ein und lassen Sie es abstehen. Auf dem Boden sollte sich lediglich eine dünne Schicht feiner Partikel absetzen, das Wasser selbst sollte klar bleiben. Schwimmt hingegen eine Schmutzschicht auf dem Wasser, so ist der Sand für Mörtel und Beton nicht mehr geeignet.

## Zement

Zement wird in Halbzentner- und Zentnersäcken gehandelt. Üblicherweise verwendet man Portlandzement, es gibt aber auch noch weitere Zementarten, die sich in ihren Eigenschaften unterscheiden. Zement ist einer der Hauptbestandteile von Mörtel und Beton. Obwohl Sie natürlich Geld sparen, wenn Sie viele Zentnersäcke auf einmal liefern lassen, ist es hier ausnahmsweise angebracht, sich auf die gerade benötigte Menge zu beschränken. Die Zentnersäcke sind nicht nur unhandlich, sondern auch nicht sehr strapazierfähig und reißen leicht; Zement zieht Feuchtigkeit an, und loser Zement birgt die Gefahr von Verätzungen – er ist äußerst schädlich für Augen, Haut und Lungen.

## Kalk

Gelöschter oder hydraulischer Kalk wird mit Zement und Sand zu Mörtel angemischt. Zwar kann man auch kalkfreien Zementmörtel anmachen (zweifellos härter und stärker als Kalkzementmörtel), doch ist dieser so hart, dass er den Stein verschmutzt und auseinanderreißt. Wie schon beim Zement, so beschränkt man sich auch beim Kalk auf die gerade benötigte Menge und bewahrt ihn trocken auf. Kalk wirkt extrem ätzend, so dass Sie beim Transport Handschuhe und beim Mischen eine Schutzbrille und eine Maske tragen sollten. Arbeiten Sie bei windigem Wetter mit Kalk, so waschen Sie anschließend bitte unbedingt Hände und Gesicht.

## Zuschlagstoffe

Beton besteht aus einer Zementart (z.B. Portlandzement) und einer Mischung von Sand und Kies, die zu den Zuschlagstoffen zählt. Die Form und Größe der Kiessand-Bestandteile des Zuschlags machen die Eigenschaften des Betons aus – seine Druck- und Zugfestigkeit, Haltbarkeit und Porosität.

Im allgemeinen besteht der Zuschlag aus Sand von 2 bis 3 mm Körnung, einem Grobkornanteil und Kies in verschiedenen Kornabstufungen. Für die Bauprojekte in diesem Buch genügt ein gewöhnliches Gemisch von feinerem Kies bzw. Splitt und Sand. Wollen Sie sehr groben Magerbeton bereiten, können Sie Ziegelbruch oder Steine darunter mengen – zerschlagen Sie das Material einfach mit einem Hammer, feuchten Sie es an und mischen Sie es unter.

Kies, Kalksteinsplitt und Kalksplitt können als dekorativer Belag aufgebracht werden. Feinkies ergibt eine feinkörnige Oberfläche; Kalksteinsplitt eine grobere Struktur. Die Farbe des Kieses hängt von der jeweiligen Gesteinsart ab.

# ANDERE MATERIALIEN

Imprägnierte Holzbohle

Ungehobeltes Fichtenholz

Kreuzschlitz- und Schlitzschraube

Kupferrohr

Armierungseisen

Mulchfolie

## Holz und Verbinder

Verschalungen werden aus ungehobeltem Weichholz hergestellt, wie es im Gartencenter und im Holzhandel erhältlich ist. Ignorieren Sie Qualität und Restfeuchte – das Holz muss nur in ganzer Länge einigermaßen stabil sein. Diese provisorischen Rahmen halten Sie mit Nägeln oder Schrauben zusammen. Den dauerhaften Rahmen für den japanischen Zen-Garten auf Seite 82 sollten Sie allerdings aus hochwertigem druckimprägniertem Holz fertigen.

Die Holzbohlen, die den Sockel für den Torfbeton-Trog auf Seite 62 bilden und die Sie zum Formen des Kupferrohres für das freitragende Steinsims auf Seite 96 nutzen, besorgen Sie als Reststücke. Nehmen Sie auf keinen Fall Bohlen, aus denen Teer oder Imprägniermittel austritt – Sie ruinieren damit Ihr Werkzeug und verfärben sich Hände und Kleidung.

## Metall und Kunststoffe

Die Armierungseisen und das Kupferrohr, die Sie für das freitragende Steinsims auf Seite 96 benötigen, erhalten Sie als billige Verschnitte im Baustoffhandel. Das Armierungseisen läuft auch unter der Bezeichnung „Thorstahl"; Kupferrohr gibt es beim Klempnerbedarf. Die Mulchfolie für den japanischen Zen-Garten auf Seite 82 finden Sie beim Baustoffhändler und im Gartencenter.

Wer sparsam veranlagt ist, sucht die nächstgelegene Baustelle auf und sieht zu, ob der Polier ihm ein paar Reststücke überlässt. Bitten Sie jedoch vorsichtshalber um eine Notiz, auf der bestätigt wird, dass Sie das Material mitnehmen dürfen, falls Sie darauf angesprochen werden. Auch beim Schrotthändler bekommen Sie eventuell Kleinigkeiten umsonst.

# Mörtel und Beton anmischen

Wer mit Naturstein arbeitet, muss häufig Mörtel (zum Aufmauern von Steinen) und Beton (für Fundamente) mischen. Wenn Sie eine Mischung von gleichmäßiger Konsistenz und Färbung und guter Plastizität erzielen, läuft der Bau in der Regel reibungslos ab. Halten Sie sich deshalb beim Anmischen an die Regel „Weniger anmischen heißt doppelt so schnell fertig werden".

## SO MISCHEN SIE MÖRTEL IN DER SCHUBKARRE AN

Geben Sie im richtigen Mengenverhältnis schaufelweise das trockene Material in die Schubkarre – zuerst den Sand, dann den Portlandzement und schließlich den Kalk. Füllen Sie die Karre etwa halb voll. Mischen Sie die Zutaten mit der Schaufel mehrmals gut durch. Gießen Sie etwa einen ⅓ Eimer Wasser an einer Seite in die Schubkarre und ziehen Sie mit der Schaufel die Trockenmischung nach und nach in das Wasser, bis es vollständig aufgesogen ist. Wenden Sie die Masse mehrmals und geben Sie eventuell noch geringe Wassermengen zu, bis sich der Mörtel sauber in erdfeuchte Scheiben teilen lässt.

**Mischen**
*Ziehen Sie das Trockengemisch in das Wasser.*

## SO MISCHEN SIE GROBEN KALKZEMENTMÖRTEL AN

Dieser Mörtel besteht aus Fein- und Brechsand zu gleichen Anteilen, aus Portlandzement und Kalk. Durch seine grobe Struktur eignet er sich gut zum Ausfüllen größerer Zwischenräume und für dicke Lagerfugen. Vermengen Sie die Zutaten im angegebenen Mischungsverhältnis schaufelweise auf einer Mischfläche – erst den Sand, danach den Zement und den Kalk. Mischen Sie alles durch, machen Sie in der Mitte eine Mulde und gießen Sie etwas Wasser hinein. Ziehen Sie ringsherum kleine Mengen Trockengemisch in die Mulde. Droht das Wasser überzulaufen, halten Sie es mit Trockenmischung auf. Geben Sie nach und nach soviel Wasser hinzu, bis der Mörtel die richtige Konsistenz hat. Er soll sich in feste Scheiben teilen lassen, die nicht auseinander bröckeln.

*Oben:* Mörtel lässt sich in einer Schubkarre bequem anmischen – vergessen Sie jedoch nicht, sie hinterher gründlich zu reinigen.

### VERSCHIEDENE MÖRTEL- UND BETONMISCHUNGEN

*Geschmeidiger Kalkzementmörtel (Mörtelgruppe II)*
Kalkzementmörtel für Steinarbeiten mit dünnen bis mittelstarken Lagerfugen besteht aus einem Teil Portlandzement, zwei Teilen Kalk und acht Teilen Feinsand. Der Sand sollte passend zur Farbe des Gesteins gewählt werden. Bei Sandsteinen Traßzement verwenden.

*Grober Kalkzementmörtel (Mörtelgruppe II)*
Grober Kalkzementmörtel für dicke Lagerfugen wird aus einem Teil Zement, zwei Teilen Kalk, vier Teilen Feinsand und vier Teilen Brechsand angemischt. Das Mischungsverhältnis der beiden Sande sollte der Beschaffenheit des zu verarbeitenden Steins angepasst werden.

## SO MISCHEN SIE BETON FÜR FUNDAMENTE AN

Beton für Fundamente besteht aus Zement, Brechsand und einem weiteren Zuschlagstoff, wie z.B. Grobkies. Mit der Schaufel bemessen Sie den Sand und den Zement auf einer Mischfläche. Wenden Sie den Haufen mehrmals, bis er gründlich vermischt ist. Formen Sie in der Mitte eine Mulde, gießen Sie etwa einen halben Eimer Wasser hinein und ziehen Sie nach und nach das Trockengemisch in das Wasser. Stellen Sie ein nasses, breiiges Gemisch her und geben Sie den Zuschlagstoff zu. Wenden Sie die Mischung weiter und geben Sie geringe Wassermengen hinzu, bis sich aus einer Schaufel Beton ein Hügel bilden lässt, der nicht zusammensackt.

*Beton für Fundamente (Festigkeitsklasse B 15)*
Ein vielseitig verwendbarer Beton für kleine Streifenfundamente und Betonplatten besteht aus einem Teil Portlandzement, zwei Teilen Brechsand (0/4 mm) und vier Teilen Zuschlagstoff (dafür eignet sich Kies mit einer Körnung 4/32 mm.)

# Steine transportieren

Selbst im Zeitalter der Kräne und Winden werden Sie vermutlich selbst Hand anlegen müssen, um Ihre Steine von der Einfahrt, wo sie abgeladen wurden, zu ihrem Bestimmungsort im Garten zu schaffen. Hier zeigen wir Ihnen, wie Sie das problemlos bewerkstelligen können. Erscheint Ihnen ein Stein zu schwer, riskieren Sie keine Verletzung, sondern bitten Sie einen Freund um Hilfe.

## SO TRANSPORTIEREN SIE SCHWERE PLATTEN

*Kippen Sie die Platte auf eine Ecke, und lassen Sie sie herumschwingen.*

*Schützen Sie Rasenflächen mit Schalbrettern.*

Steinplatten können bis zu 150 oder 200 Kilogramm wiegen, lassen Sie sich also beim Tragen helfen. Als erstes treiben Sie mit dem Vorschlaghammer zwei Holzkeile unter eine Seite der Platte, so dass Sie später darunter anfassen können. Legen Sie zwei Planken dorthin, wo die Platte abgelegt werden soll. Greifen Sie gemeinsam die hochgekeilte Seite der Steinplatte. Richten Sie den Stein auf, bis er aufrecht auf einer Seite steht. Legen Sie Schalungsbretter aus, um den Rasen zu schützen. Bewegen Sie ihn folgendermaßen: Stemmen Sie den Stein auf eine Ecke und drehen Sie ihn mit der anderen Ecke in Richtung auf Ihre Baustelle. Setzen Sie den Stein auf dieser Ecke ab und schwingen Sie ihn nun mit der ersten Ecke herum. „Marschieren" Sie so mit der Platte durch den Garten. Legen Sie zwischendurch Verschnaufpausen ein. Haben Sie Ihr Ziel erreicht, senken Sie den Stein auf die Planken ab. So bleibt zwischen dem Stein und dem Boden eine Lücke und Sie klemmen Ihre Finger nicht, außerdem bleibt bei längerer Lagerung der Untergrund belüftet.

## SO TRANSPORTIEREN SIE SCHWERE FINDLINGE

Arbeiten Sie zu zweit und verwenden Sie eine stabile luftbereifte Schubkarre aus Metall. Legen Sie diese direkt neben dem Stein auf die Seite. Schieben Sie einen Teppichrest zwischen Stein und Schubkarre und manövrieren Sie den Stein in die Karre. Während eine Person den Stein verrückt, hält die andere die Schubkarre fest. Liegt der Stein in der Schubkarre, richten Sie sie gemeinsam auf. Rücken Sie den Stein genau über das Rad. Seien Sie darauf gefasst, die Schubkarre unterwegs stabilisieren zu müssen.

*Der Helfer richtet die Schubkarre auf.*

*Rollen Sie den Stein in die Schubkarre – vermeiden Sie jegliches Heben.*

*Rechts:* Heben Sie möglichst keine schweren Steine – rollen Sie sie statt dessen. Müssen Sie dennoch einmal schwer heben, so gehen Sie in die Hocke, halten Sie den Rücken gerade, und heben Sie aus den Knien.

# Stein zuschneiden

**Die Kunst des Mauerns mit Naturstein besteht zum großen Teil darin, den Stein so einzupassen, wie Sie ihn vorfinden; bleibt Ihnen jedoch einmal das Kürzen nicht erspart, so liegt die größte Schwierigkeit darin, den Schnitt richtig zu führen. Meistens kürzt man heute mit dem Winkelschleifer, doch für einige Zwecke wird immer noch der altbewährte Meißel verwendet.**

## STEIN MIT DEM WINKELSCHLEIFER SCHNEIDEN

### Die Wahl des richtigen Winkelschleifers

Bei einem Winkelschleifer ist es wichtig, dass Sie das für Ihren Zweck geeignete Gerät auswählen. Zwar arbeitet es sich im allgemeinen mit einem 230-mm-Profigerät wesentlich einfacher als mit einem leichten 115-mm-Modell, doch ist dieses für den Anfänger schwieriger zu handhaben. Leihen Sie sich mehrere unterschiedliche Winkelschleifer zum Testen aus. Beachten Sie die Arbeitssicherheit: Sie benötigen eine Schutzbrille, um Ihre Augen gegen Stein- und Metallsplitter und Staub zu schützen, eine Staubmaske, um den Staub aus der Lunge zu halten, Gehörschutz für die Ohren, Arbeitshandschuhe gegen Splitter und festes Schuhwerk als Schutz für die Füße.

Haben Sie alles für den ersten Schnitt vorbereitet, schalten Sie den Strom ein und führen Sie das Gerät nach vorne weg; seien Sie dabei jederzeit auf die Wucht des Rückschlags gefasst.

### Wahl und Montage der Trennscheibe

Wählen Sie ein für Ihr Gerät passendes Steinblatt. Ziehen Sie den Netzstecker; halten Sie die Bremse gedrückt und stellen Sie per Hand die Welle fest. Schrauben Sie die Mutter ab, setzen Sie die Trennscheibe auf, drehen Sie die Mutter wieder auf und ziehen Sie sie mit dem Spezialschlüssel fest. Lösen Sie die Bremse und drehen Sie die Trennscheibe per Hand, um festzustellen, ob sie wackelt oder schabt. Sofern alles ordnungsgemäß montiert ist, können Sie den Stecker einstecken und Ihren Schnitt ausführen.

### Vorbereitung des Arbeitsplatzes

Wenn Sie mit dem Winkelschleifer arbeiten, sollte am besten eine Person zur Hilfestellung dabei sein. Zunächst sichern Sie Ihren Arbeitsbereich auf dem Rasen und halten Kinder und Haustiere fern. Positionieren Sie den zu bearbeitenden Stein auf dem Boden. Sorgen Sie dafür, dass keiner Ihrer Helfer in Nähe der Schnittlinie steht. Halten Sie mit den Füßen sicheren Abstand von der Schnittlinie. Knien Sie sich niemals in Schnittrichtung des Gerätes hin, denn es könnte abrutschen. Arbeiten Sie nie mit Druck, und verkanten Sie nie die Trennscheibe. Scheint die Trennscheibe auch nur im Geringsten abgesplittert, eingerissen oder verzogen, wechseln Sie sie aus.

*Schutzhaube*
*Entfernen Sie niemals die Schutzabdeckung.*

*Lederhandschuhe*
*Handschuhe schützen Ihre Hände vor Gesteinssplittern.*

*Seitengriff*
*Halten Sie das Gerät am Seiten- und Hauptgriff gut fest.*

*Trennscheibe*
*Benutzen Sie für Steinarbeiten ein Steinblatt; achten Sie darauf, dass es unbeschädigt ist.*

**Oben:** Seien Sie äußerst vorsichtig, wenn Sie mit dem Winkelschleifer arbeiten. Befolgen Sie die Sicherheitsvorschriften.

### Der Schnitt

1. Positionieren Sie den Stein flach im Gras und markieren Sie den Schnitt mit Maßband und Kreide. Überprüfen Sie den Winkelschleifer und überprüfen Sie, ob Sie alle Maßnahmen zu Ihrer Arbeitssicherheit getroffen haben.

2. Halten Sie das Gerät mit der Trennscheibe im rechten Winkel zur Steinplatte. Stellen Sie sich stabil hin, achten Sie darauf, dass sich Ihre Füße in Sicherheit befinden und schalten Sie das Gerät ein. Setzen Sie die rotierende Trennscheibe auf die Markierung und ziehen Sie eine leichte Kerbe.

3. Führen Sie den Winkelschleifer mehrmals über die Kerbe; schalten Sie das Gerät aus und drehen Sie den Stein um. Schalten Sie das Gerät wieder ein und wiederholen Sie den Vorgang auf der Rückseite. Fahren Sie so lange fort, bis die Steinplatte durchbricht.

# STEIN MIT DEM MEISSEL TEILEN

## So benutzen Sie das Breiteisen

Mit dem Breiteisen werden Steine geteilt und gekürzt. Kaufen Sie den besten Meißel, den Sie bekommen können – möglichst gesenk-geschmiedet, gehärtet und getempert und mit einem einteiligen Kunststoff-Schutzgriff versehen. Üben Sie an einem Stein unter-schiedliche Ansatz- und Schlagtechniken. Sie werden feststellen, dass der Ansatzwinkel des Meißels im Verhältnis zur Wucht des Schlages das Ergebnis entscheidend beeinflusst. Klopfen Sie nur leicht auf das senkrecht angesetzte Eisen, so lösen Sie einen Splitter, während ein kräftiger, entschlossener Schlag einen Riss zur Folge hat. Wollen Sie eine Kante begradigen, so winkeln Sie den Meißel zur Kante hin ab und schlagen zu. Das Kantenstück bricht ab und hinterlässt auf der Seitenfläche einen leichten Kamm (Bosse). Eine derart bossierte Kante fällt je nach Ansatzwinkel des Breiteisens unterschiedlich aus.

## So benutzen Sie den Kaltmeißel

Mit dem Kaltmeißel führen Sie feinere Arbeiten aus als mit dem Breiteisen. Besorgen Sie sich einen hochwertigen Meißel mit 25 mm breiter Klinge – wiederum möglichst gesenkgeschmiedet, gehärtet und getempert. Legen Sie einen Stein auf eine Unterlage und probie-ren Sie mit dem Fäustel unterschiedliche Ansätze aus. Um eine Kante zu behauen, setzen Sie den Meißel in einem sehr flachen Winkel an, mit der Schneidfase in Richtung Kante, und versetzen ihm einen leichten Schlag, so dass lediglich ein Splitter abspringt. Experimen-tieren Sie mit unterschiedlichen Ansatzwinkeln und verschieden star-ken Schlägen, bis Sie das Ergebnis ungefähr voraussagen können.

## So schärfen Sie einen Meißel

Führen Sie den Meißel an der Schleifscheibe hin und her, bis die schartige Kante geglättet ist. Schleifen Sie dann die Fase zum ur-sprünglichen Schärfwinkel von 60° an; tauchen Sie das Werkzeug im-mer wieder in Wasser, damit der Stahl nicht überhitzt.

## So teilen Sie einen Stein

1. Markieren Sie den Schnitt auf beiden Seiten des Steins und pols-tern Sie ihn auf einer weichen Unterlage. Setzen Sie die Schutzbrille auf und ziehen Sie stabile Lederhandschuhe an.
2. Nehmen Sie Breiteisen und Fäustel zur Hand und markieren Sie die Linie mit einer Reihe leichter Schläge. Arbeiten Sie diese Linie noch zwei Mal nach, jedes Mal mit stärkeren Schlägen.
3. Wiederholen Sie die Prozedur auf der Rückseite des Steins; etwa nach dem dritten Durchlauf schlagen Sie so lange mit voller Wucht auf das Eisen, bis der Stein durchbricht.

**Schutz**
*Schützen Sie Ihre Hände mit festen Handschuhen.*

**Gummischutz**
*Der Gummischutz am Kopf des Breiteisens schützt Ihre Hände.*

**Teppich**
*Legen Sie den Stein auf einen Teppichrest, auf Sand oder Rasen.*

*Oben:* So kürzen Sie Stein mit Breiteisen und Fäustel. Setzen Sie das Eisen fest auf und versetzen Sie ihm einen gezielten Schlag.

## WIE SIE UNNÖTIGE SCHNITTE VERMEIDEN

### Einpassen ist besser als teilen

Das Geheimnis schön gesetzter Natursteine liegt darin, dass sie nach Möglichkeit unbearbeitet verbaut werden. Wählen Sie die Steine sorgfältig aus; verwenden Sie viel Zeit darauf, sie mög-lichst gut aufeinander abzustimmen. So brauchen Sie nur manch-mal eine Ecke oder eine Kante zu bearbeiten, um einen Stein einzupassen. Passend setzen ist immer besser als teilen.

### Den Schlag ansetzen

Haben Sie Ihren Schnitt festgelegt, setzen Sie den Meißel mit der Fase auf die Markierung und schlagen Sie mit dem Fäustel dar-auf. Wiederholen Sie das so lange, bis der Schnitt ausgeführt ist. Ein einziger, wohlgezielter Hammerschlag ist wesentlich effekti-ver als zielloses Herumhämmern.

### Mit der Lagerrichtung spalten

Betrachten Sie den Stein eingehend und stellen Sie fest, wie seine Gesteinschichtung verläuft. Versuchen Sie, Ihre Schnitte nach Möglichkeit parallel dazu zu legen, da der Stein dann am saubersten bricht.

# Fundamente bauen

**Jedes Bauwerk aus Stein benötigt als Grundlage ein Fundament aus Kies, Splitt, verdichtetem Schotter oder sogar Beton. In diesem Abschnitt erfahren Sie, wie Sie die für Ihre Zwecke richtige Variante auswählen. Dabei sind Aufbau und Schichtdicke von der Beschaffenheit des Untergrundes und den örtlichen Vorgaben für die notwendige Frostschutztiefe abhängig.**

## UNTERGRUND UND FUNDAMENT

### Beurteilung des Untergrundes

Graben Sie an dem ausgewählten Standort in die Tiefe, um herauszufinden, wie es unter dem Oberboden aussieht. Ist der Untergrund hart und steinig, oder ist er weich und nachgiebig? Zieht das Wasser gut ab, oder ist der Boden sumpfig? Je nach örtlichen Gegebenheiten passen Sie den Unterbau an; die Möglichkeiten reichen von einem Unterbau aus reinem Kies bis hin zu verdichtetem Schotter mit einer Betondeckschicht, wobei weitere Kombinationen möglich sind.

Wollen Sie zum Beispiel die Steinbank mit Kamillenpolster auf Seite 114 bauen und Sie haben einen trockenen, steinigen Standort, würde hier eine 8 cm dicke Betonschicht auf einer dünnen Ausgleichsschicht aus Kies ausreichen. Bei nassem Untergrund dagegen müssten Sie ein Fundament von 30 cm Tiefe ausheben, es zur Hälfte mit einer Drainageschicht aus Kies füllen und darauf eine 15 cm dicke Schicht Beton aufbringen.

Kennen Sie die Wasserdurchlässigkeit Ihres Bodens nicht, so graben Sie ein Probeloch, füllen es mit Wasser und beobachten, wie lange das Wasser zum Versickern benötigt.

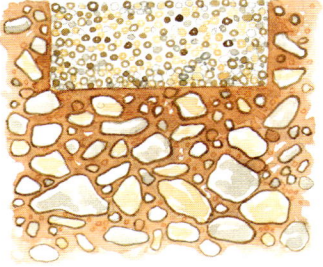

*Links:* Für einen Kiesweg ist kein Fundament nötig, wenn er auf gut drainiertem, verdichtetem Untergrund angelegt wird. Der Kies liegt hier gut eingebettet.

*Links:* Dieser Unterbau aus verdichtetem Schotter ist bei weniger durchlässigem Boden für einen Betonweg geeignet.

## SO BAUEN SIE EIN BETONFUNDAMENT

Nach dem Vermessen stecken Sie die Eckpunkte des Fundaments mit Holzpflöcken ab und spannen eine Schnur. Tragen Sie die Rasensoden ab und schachten Sie 25 cm tief plan aus. Lagern Sie die Soden und den losen Boden abseits der Baustelle. Schlagen Sie zwei Holzpflöcke mit etwas Abstand zu den Seiten in die Sohle (siehe Zeichnung); so dass sie etwa 20 cm aus der Bodensohle ragen und die Enden dann etwa 5 cm unterhalb der Rasenfläche liegen. Gleichen Sie mit der Wasserwaage die Pflockhöhen aus. Beschädigen Sie die Pflockenden beim Eintreiben möglichst nicht. Füllen Sie die Grube zur Hälfte mit Schotter und verdichten Sie ihn mit dem Vorschlaghammer. Verrücken Sie dabei die Pflöcke nicht. Füllen Sie anschließend mit Beton auf, den Sie mit einem Holzbalken feststampfen. Dabei sollten die Pflöcke gerade noch zu sehen sein.

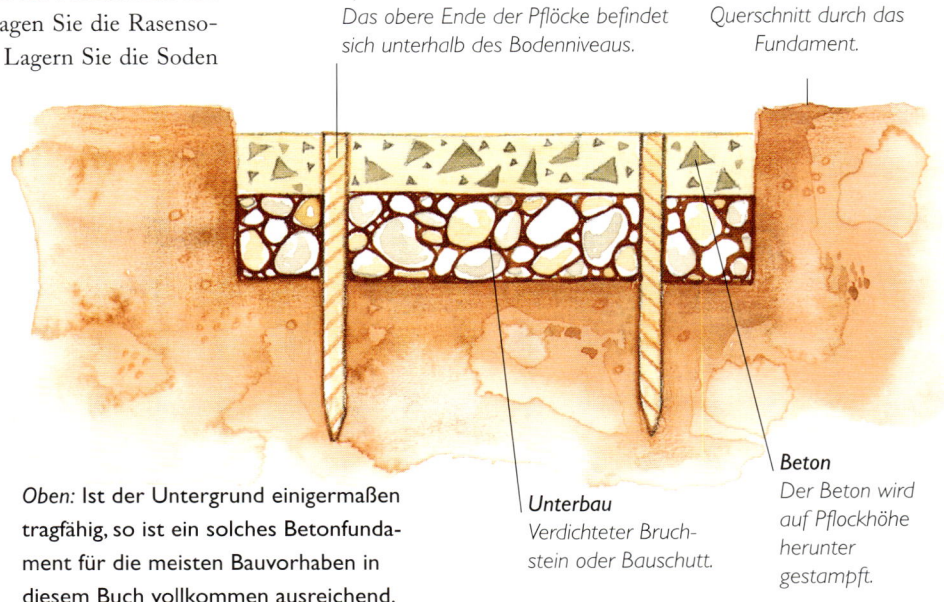

*Pflock*
Das obere Ende der Pflöcke befindet sich unterhalb des Bodenniveaus.

*Boden*
Querschnitt durch das Fundament.

*Unterbau*
Verdichteter Bruchstein oder Bauschutt.

*Beton*
Der Beton wird auf Pflockhöhe heruntergestampft.

*Oben:* Ist der Untergrund einigermaßen tragfähig, so ist ein solches Betonfundament für die meisten Bauvorhaben in diesem Buch vollkommen ausreichend.

# DAS STEIN- UND SCHOTTERFUNDAMENT

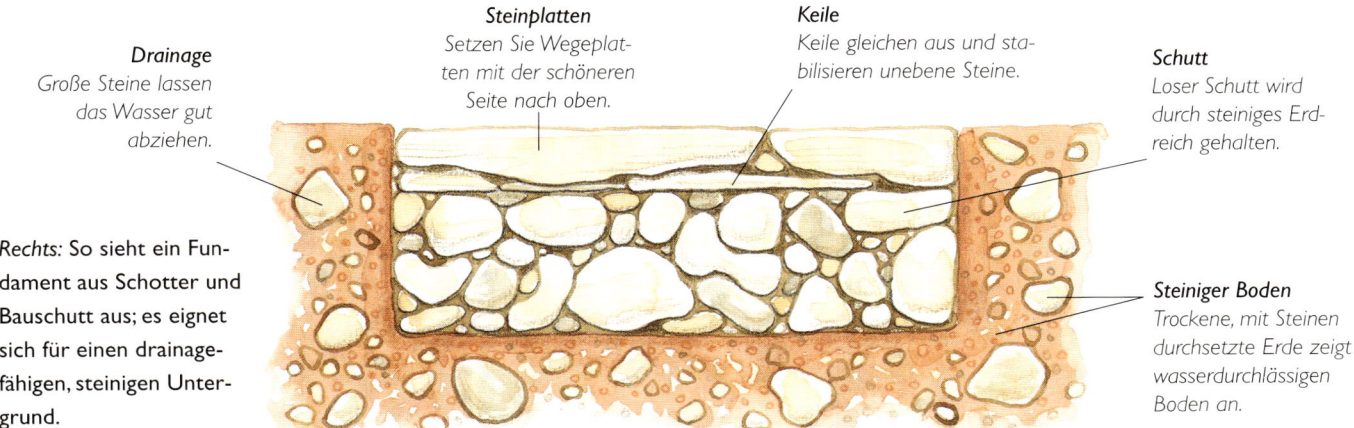

*Drainage*
Große Steine lassen das Wasser gut abziehen.

*Steinplatten*
Setzen Sie Wegeplatten mit der schöneren Seite nach oben.

*Keile*
Keile gleichen aus und stabilisieren unebene Steine.

*Schutt*
Loser Schutt wird durch steiniges Erdreich gehalten.

*Rechts:* So sieht ein Fundament aus Schotter und Bauschutt aus; es eignet sich für einen drainagefähigen, steinigen Untergrund.

*Steiniger Boden*
Trockene, mit Steinen durchsetzte Erde zeigt wasserdurchlässigen Boden an.

Besitzen Sie einen wasserdurchlässigen Standort mit steinigem Untergrund und wenig Oberboden, so dass Ihnen viel Stein und Bauschutt zur Verfügung steht, und möchten Sie zum Beispiel die Bruchsteinmauer auf Seite 88 bauen, so ist ein Betonfundament unnötig. Heben Sie eine 30 cm tiefe Grube aus und füllen Sie sie gleichmäßig mit Stein und Schutt; verdichten Sie das Material lagenweise mit dem Vorschlaghammer oder einem Stampfer. Für die letzten 10 cm wählen Sie sorgfältig großflächige, flache Steine als Deckschicht aus. Verkeilen Sie diese Decksteine mit flachen Steinen und Bruchstücken, so dass sie fest liegen.

# ANDERE FUNDAMENTE

Bei gut wasserdurchlässigem Standort genügt ein Betonfundament auf einer relativ dünnen Schicht Schotter als Unterbau. Falls Sie den Tisch mit Säulenfuß auf Seite 120 bauen möchten, schachten Sie ein Fundament von etwa 20 cm Tiefe plan aus und markieren die Eckpunkte mit vier Pflöcken. Nageln Sie innen vier Schalbretter waagerecht so an, dass ihre Oberkante gerade unterhalb der Rasenfläche endet. Füllen Sie die Grube bis zur Hälfte mit Bauschutt; anschließend bis oben mit Beton. Glätten Sie den Beton mit einer Abziehlatte. Geben Sie Acht, dass Sie die Pflöcke und die Schalbretter nicht verrücken.

Bei feuchtem Untergrund müssen Sie die Bodenplatte auf Streifenfundamenten aus Schotter trockenlegen. Auf diesen Streifenfundamenten ruht dann die Betonplatte.

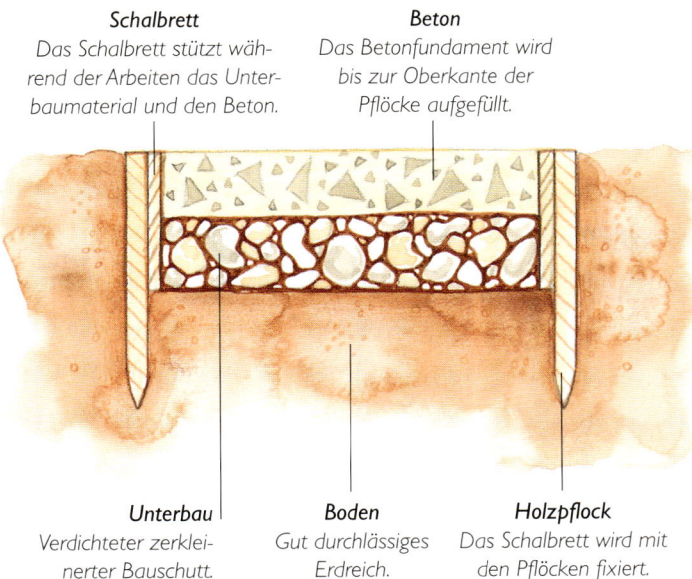

*Schalbrett*
Das Schalbrett stützt während der Arbeiten das Unterbaumaterial und den Beton.

*Beton*
Das Betonfundament wird bis zur Oberkante der Pflöcke aufgefüllt.

*Unterbau*
Verdichteter zerkleinerter Bauschutt.

*Boden*
Gut durchlässiges Erdreich.

*Holzpflock*
Das Schalbrett wird mit den Pflöcken fixiert.

*Oben:* Für gut durchlässigen Boden eignet sich dieser Fundament-Typ. Das Erdreich sollte um das Fundament herum dicht und fest sein.

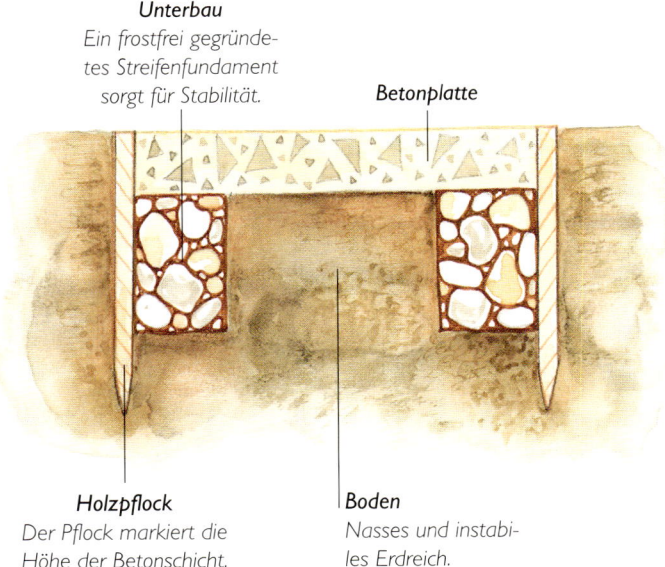

*Unterbau*
Ein frostfrei gegründetes Streifenfundament sorgt für Stabilität.

*Betonplatte*

*Holzpflock*
Der Pflock markiert die Höhe der Betonschicht.

*Boden*
Nasses und instabiles Erdreich.

*Oben:* Dieses Fundament ist für nasse, instabile Böden geeignet. Das Streifenfundament aus Schotter sorgt für guten Wasserabzug.

# Wege und Pflasterflächen

**Wege und Pflasterflächen im Garten haben nicht nur praktische Funktion, sondern sie können je nach Belagmaterial auch optisch interessant wirken. Ein Weg führt durch das Gelände – entzieht er sich durch eine geheimnisvolle Biegung hinter eine Hecke unserem Blick, lädt er zum Erkundungsgang ein.**

**ACHTUNG**

Manche Steine werden bei Nässe sehr glatt. Bedenken Sie das gut, vor allem, wenn der Weg für ältere oder körperbehinderte Menschen gedacht ist. Stark strukturierte Oberflächen sind rutschsicherer.

## GESTALTUNGSIDEEN

*Oben:* Die Randbegrenzung aus Betonstein für diesen Kiespfad wird durch die erhöhten Beete abgestützt. Die Länge der Randsteine gibt die Rundung der Kurve vor.

*Oben:* Natur- oder Kunststeinplatten werden von hochkant gesetzten Backsteinklinkern eingerahmt. Unterschiedliche Materialien und Muster ergeben vielfältige Kombinationsmöglichkeiten.

*Oben:* Unregelmäßige Trittsteine ergeben einen attraktiven Pfad, der im Gegensatz zu gepflasterten Wegen fast mit der Umgebung verschmilzt. Die Steine sollten in gleichen Abständen verlegt werden.

### Erschließung des Gartens

Betrachten Sie einmal Ihren Garten und überlegen Sie, ob es nicht sinnvoll wäre, ein oder zwei Wege oder eine gepflasterte Arbeitsfläche anzulegen. Ist einer Ihrer Wege vielleicht so schmal, dass sich die Schubkarre nur schlecht darauf entlang schieben lässt? Ließe sich der Gemüsegarten leichter bearbeiten, wenn er von Wegen unterteilt wäre? Wie wäre es mit einem befestigtem Weg, der direkt von der Hintertür zum Komposthaufen führt? Sind Sie lange genug auf Zehenspitzen über den nassen Rasen balanciert? Hätten Sie gerne einen Bereich, wo Kinder trockenen Fußes spielen können? Benötigen Sie einen Weg, der breit genug für einen Rollstuhl ist?

### Gliedernde und dekorative Funktion

Ein Weg sollte nicht unbedingt auf kürzester Strecke zum Ziel führen, auch sollte seine Befestigung nicht immer glatt und trocken sein; vielmehr sollte er ein interessantes, schwungvolles, das Auge und den Tastsinn ansprechendes Erlebnis sein. Ein Pfad aus verschieden großen Trittsteinen, der in einer beschwingten Kurve über den Rasen führt und sich hinter Sträuchern verliert, das Knirschen eines Kiesweges, ein Einlegemuster in einer Pflasterfläche, ein Pflasterkreis mit einer Bank – solche Dinge laden den Besucher zum Innehalten und Betrachten ein. Gut durchdachte dekorative Wege und Flächen unterstützen die Gartenarchitektur um Formen, Farben und interessante Oberflächen. Verschlungene Pfade lassen Ihren Garten geheimnisvoll wirken.

Auch Ihr Garten könnte durch einen Weg oder eine befestigte Fläche gewinnen: Ein Pflasterkreis lädt an einem lauen Sommerabend zum Sitzen ein. Ein Weg aus Polygonalplatten führt am Steingarten vorbei zu einer Sonnenuhr. Wie wäre es mit einem Weg, der sich zu einem Pflasterkreis erweitert, komplett mit Steinbank und Grill? Lassen Sie Ihrer Phantasie und Kreativität einfach freien Lauf!

# WEG MIT PLATTENBELAG

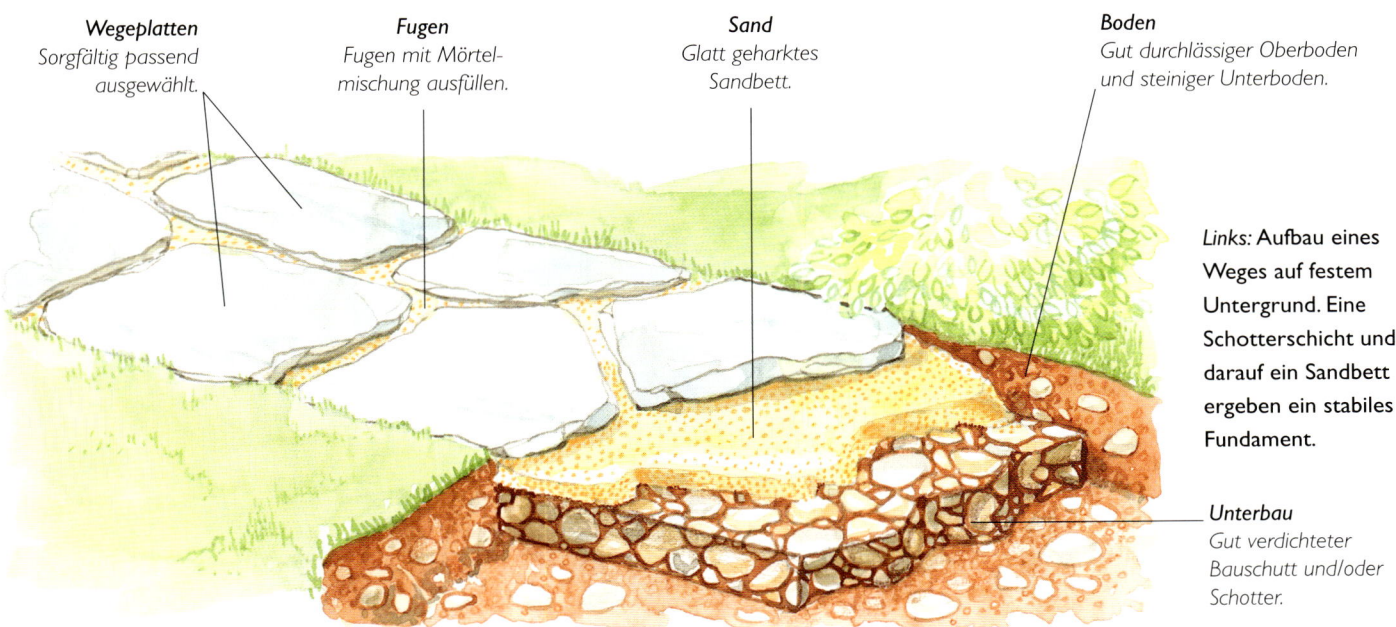

**Wegeplatten**
Sorgfältig passend
ausgewählt.

**Fugen**
Fugen mit Mörtel-
mischung ausfüllen.

**Sand**
Glatt geharktes
Sandbett.

**Boden**
Gut durchlässiger Oberboden
und steiniger Unterboden.

*Links:* Aufbau eines Weges auf festem Untergrund. Eine Schotterschicht und darauf ein Sandbett ergeben ein stabiles Fundament.

**Unterbau**
Gut verdichteter
Bauschutt und/oder
Schotter.

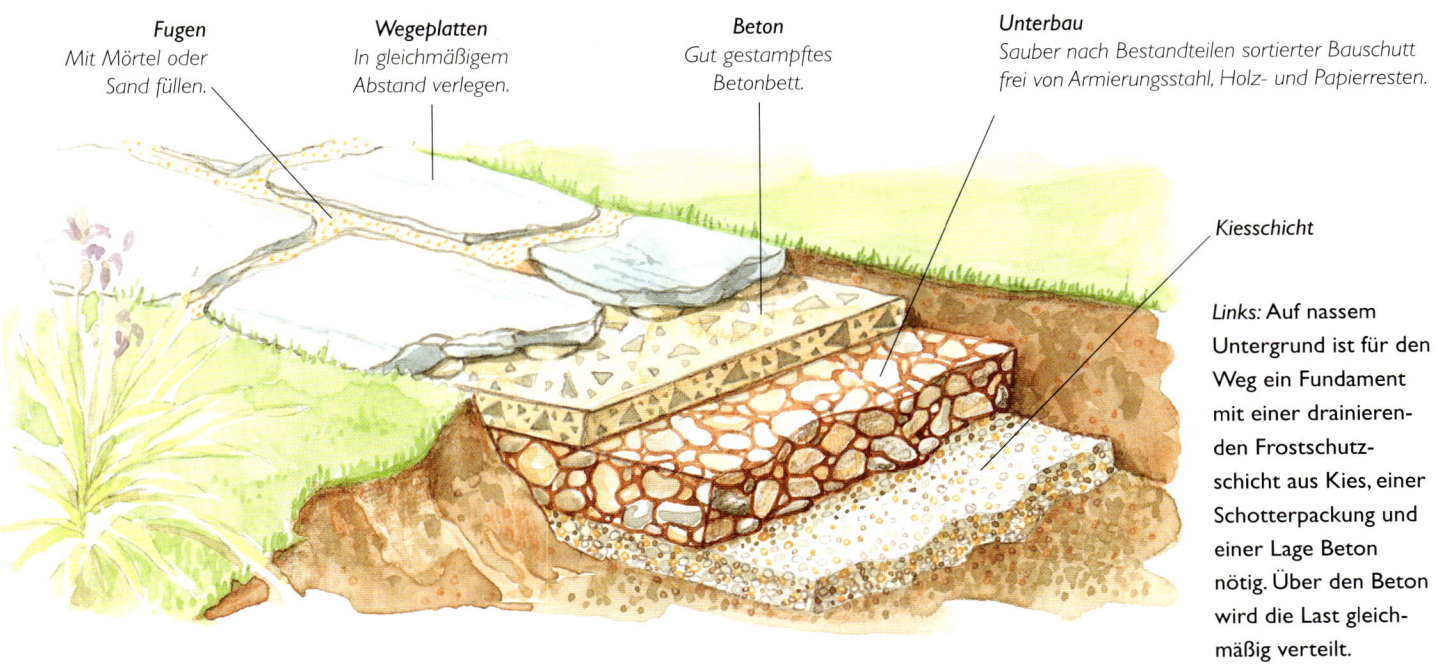

**Fugen**
Mit Mörtel oder
Sand füllen.

**Wegeplatten**
In gleichmäßigem
Abstand verlegen.

**Beton**
Gut gestampftes
Betonbett.

**Unterbau**
Sauber nach Bestandteilen sortierter Bauschutt
frei von Armierungsstahl, Holz- und Papierresten.

**Kiesschicht**

*Links:* Auf nassem Untergrund ist für den Weg ein Fundament mit einer drainierenden Frostschutzschicht aus Kies, einer Schotterpackung und einer Lage Beton nötig. Über den Beton wird die Last gleichmäßig verteilt.

## Steinplatten auf stabilem Untergrund

Sofern ein steiniger, gut drainierter Untergrund vorliegt, auf dem Sie relativ große Steinplatten verlegen wollen, so ist als Unterbau ein Sandbett auf einer Schottertragschicht vollkommen ausreichend.

Heben Sie den Boden bis zu einer Tiefe von etwa 20 cm aus und verdichten Sie in der Grube Bauschutt oder Schotter auf 10 cm Stärke. Bringen Sie darauf ein 5 cm starkes, glatt geharktes Sandbett auf. Setzen Sie darauf die Steinplatten. Fegen Sie in die Fugen Sand mit einer Mischung von Gras- und Kräutersamen ein. So fördern Sie einen Bewuchs, der die Steine fest verankert.

## Steinplatten auf nachgebendem Untergrund

Wollen Sie auf morastigem, wasserundurchlässigem Untergrund Steinplatten verlegen, benötigen Sie einen Unterbau aus drainierendem Kies, verdichtetem Schotter und Beton.

Heben Sie den Boden auf eine Tiefe von etwa 25 cm aus und füllen Sie etwa 5 cm Kies hinein. Bringen Sie darauf eine 10 cm dicke Packlage aus Bauschutt oder Schotter auf. Verteilen Sie darauf eine 5 cm dicke, gut gestampfte Betonschicht, auf der Sie die Steinplatten verlegen. Fegen Sie Sand in die Fugen. Die Kiessohle lässt das Wasser unter dem Weg frei abziehen.

# Der Steingarten

**Das Anlegen von Steingärten und Felsenarrangements ist eine ausgesprochen individuelle Angelegenheit; man kann dazu nur schwer Ratschläge erteilen. Besuchen Sie andere Gärten, befühlen Sie so viele Steine wie möglich, reisen Sie an einen Felsenstrand oder in die Berge und lassen Sie sich von der Natur inspirieren; entscheiden Sie dann, was Sie in Ihrem Garten verwirklichen möchten.**

## GESTALTUNG VON STEIN- UND FELSENGÄRTEN

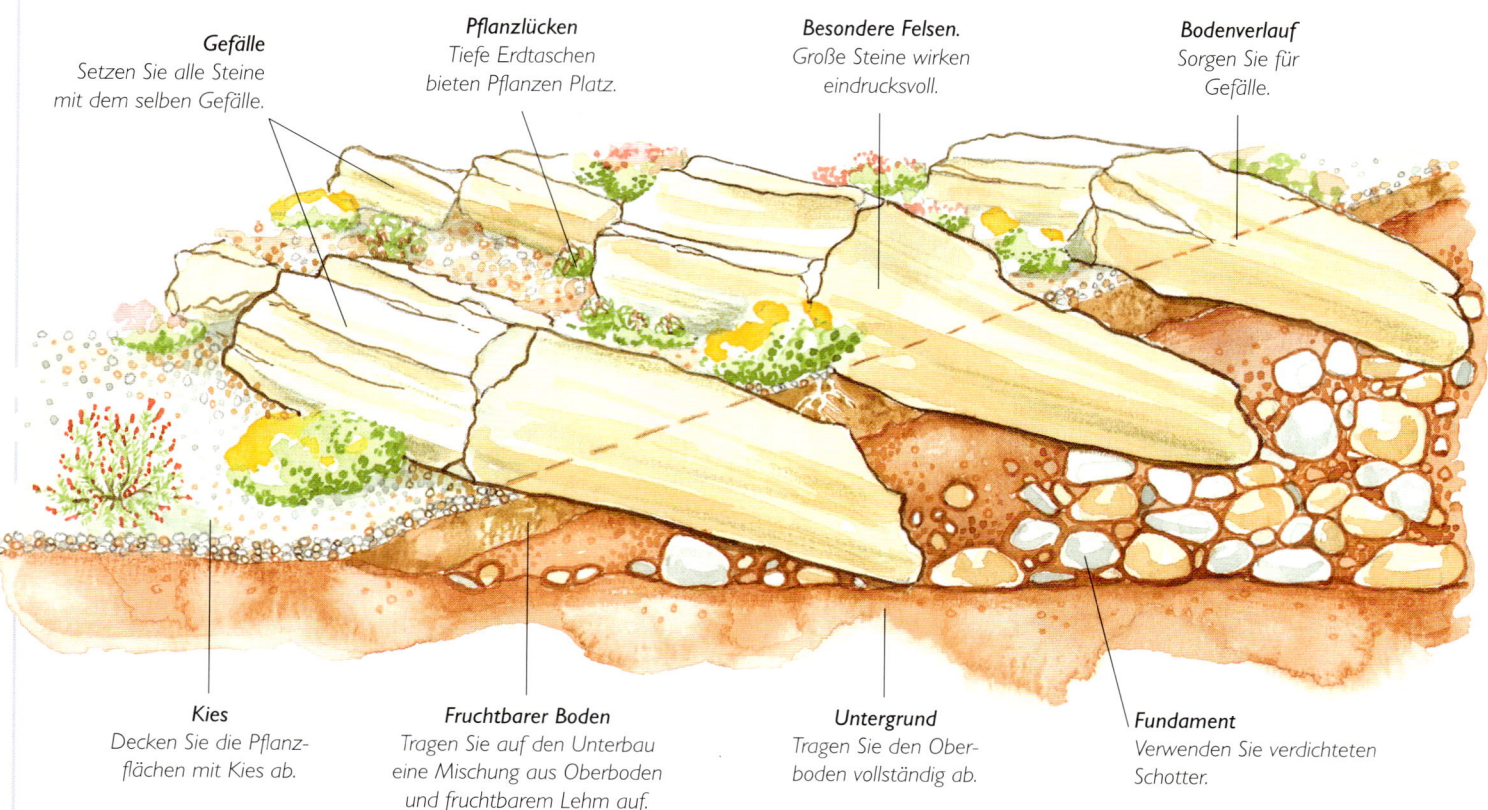

*Gefälle*
Setzen Sie alle Steine mit dem selben Gefälle.

*Pflanzlücken*
Tiefe Erdtaschen bieten Pflanzen Platz.

*Besondere Felsen.*
Große Steine wirken eindrucksvoll.

*Bodenverlauf*
Sorgen Sie für Gefälle.

*Kies*
Decken Sie die Pflanzflächen mit Kies ab.

*Fruchtbarer Boden*
Tragen Sie auf den Unterbau eine Mischung aus Oberboden und fruchtbarem Lehm auf.

*Untergrund*
Tragen Sie den Oberboden vollständig ab.

*Fundament*
Verwenden Sie verdichteten Schotter.

### Die gelungene Einbindung des Steingartens

Ein gut angelegter Steingarten sieht wie die Spitze einer riesigen unterirdischen Felsnase aus. Deshalb wirken wenige große, verwitterte Steine, die Sie in einer ganz schlichten Umgebung gruppieren, etwa auf einer Kiesfläche oder einem Rasen, am besten. Weniger dekorativ dagegen sind handtellergroße Steine, die wahllos an einer unglaubwürdigen Stelle arrangiert werden, etwa direkt neben einer üppigen Rabatte oder um einen Swimmingpool herum.

### Wirkung von Felsgruppen

Stein- oder Felsgruppen werden gern als Familien beschrieben und liefern seit Jahrhunderten immer wieder Stoff für Märchen. Wer solche Steine in einer steinlosen Umgebung aufstellt, provoziert Fragen und Aufmerksamkeit, denn sie sind nicht zu übersehen. Machen Sie in kleinerem Maßstab mit drei Felsen auf Ihrem Rasen selbst die Probe aufs Exempel und hören Sie sich die Kommentare von Familie, Freunden und Nachbarn an.

### Steinerne Wächter

Von vielen Kulturen kennen wir die Tradition, einen einzelnen Felsen aufrecht zu platzieren – von den Japanern und Chinesen ebenso wie von den Kelten im alten Britannien. Diese Monolithen werden fast immer als Wächter betrachtet. Sie stehen für Macht, Kraft, Dauerhaftigkeit und Würde. Sollte Ihnen ein Stein von dieser Größe für Ihren Garten vorschweben, ist das Aufrichten das einzige Problem. Stehen Ihnen nicht ein Traktor und ein Kran zur Verfügung, bitten Sie etwa ein Dutzend Freunde um Hilfe und befördern Sie den Felsen mit Hilfe von Seilen, Planken und Rollen, einem Hebel aus Eisenrohren und einer Autowinde an seinen Bestimmungsort im Garten.

# AUSSERGEWÖHNLICHE STEINGÄRTEN

### Garten aus Felsen und Kies

Solch eine formal angelegte Fläche wird von niedrigen Mauern eingefasst, der Belag aus Kies und die Felsen sind nach einem strengen Muster arrangiert. Natürlich angeordnete Felsen und Steine auf einer geharkten Kiesfläche, durchzogen von einem Bachlauf aus weißen Kieseln, sind charakteristisch für Steingärten nach japanischem Vorbild. Legen Sie als erstes die Wege an und decken Sie dann den Boden gut mit Mulchfolie ab (es unterdrückt Unkraut, lässt Wasser jedoch abziehen). Stellen Sie einige große Steine auf und ahmen Sie einen Bachlauf mit Kies unterschiedlichen Durchmessers nach.

### „Grasinsel" mit Felsen

Für einen Gras- und Felsengarten stellen Sie auf einem kurzgeschorenen Rasen drei oder vier große Steine wie Inseln auf. Probieren Sie unterschiedliche Arrangements; experimentieren Sie mit dem Gras und lassen es hier und da lang stehen. Wiesenblumen, ein geschützter Sitzplatz oder ein flacher Felsen verstärken die dekorative Wirkung.

### Wiesengrund mit Felsen

Sind Sie bei einem Spaziergang im Grünen auch schon mal auf einen versteckten Ort gestoßen, den niemand sonst zu kennen scheint? So fanden wir einmal eine kleine Senke mit einem Steinkreis und mehreren grasbewachsenen Erhebungen. Vielleicht befand sich hier früher ein Haus, ein uraltes Dorf oder ein Brunnen.

    Eine ähnliche Wirkung erzielen Sie, indem Sie im Rasen eine Mulde ausheben, mit dem Aushub Hügel formen, diese mit Gras einsäen und besondere Steine einfügen.

*Oben:* Ein Steingarten nur aus Felsen und Kies. Verteilen Sie die Kieselsteine so, dass die größeren Steine wie in einem Bachbett liegen.

*Oben:* Ein Garten mit Felsen und Gras. Lassen Sie das Gras direkt um die Steine herum lang stehen; mähen Sie zwischen den Felsgruppen einen Durchgang.

# DEN STEINGARTEN BEPFLANZEN

Steingartenpflanzen benötigen einen Boden, der zu gleichen Teilen aus feinem Kies oder Splitt, Sand und Gartenerde besteht. Untersuchen Sie den pH-Wert Ihres Bodens und orientieren Sie sich beim Kauf von Pflanzen daran. Für kalkliebende Pflanzen reichern Sie das Substrat mit einer Kalkgabe an. Pflanzen, die in sauren Böden gedeihen, bevorzugen statt dessen die Beimischung von feinem Rindenhumus.

*Tiefe Pflanzlücke*

*Kleine Pflanzfuge*
Sie trocknet schnell aus; hier fühlen sich nur trockenheitsresistente Pflanzen wohl.

*Links:* Verwenden Sie Pflanzen, die in trockenen, wasserdurchlässigen Böden gedeihen. Je nach pH-Wert des Bodens sollten Sie dabei kalk- oder säureliebende Pflanzen auswählen.

*Tiefe Pflanztasche*
Hier ist reichlich Platz für verzweigtes Wurzelwerk; relativ große Pflanzen können darin gedeihen.

# Mauern und andere Hochbauten

Ein altes englisches Sprichwort lautet „Eine Mauer ohne Tor ist ein Gefängnis; eine Mauer mit einem Tor ist ein Paradies". Der Bau einer Natursteinmauer ist eine herrlich kreative, befriedigende Arbeit, denn eine vormals freie Fläche wird durch sie überaus dekorativ gestaltet und strukturiert. Mauern können der Sicherheit der Kinder dienen und gleichzeitig wirkungsvolle gestalterische Elemente im Garten sein.

## UNTERSCHIEDLICHE MAUERTYPEN

*Pflanzen*
*Pflanzen sind ein wesentlicher Bestandteil der Mauer.*

*Lehm als Mörtel*
*Die Steine werden auf feuchte Lehmerde und Steinkeile gebettet.*

*Abdeckung*
*Schützt die Steinschicht vor eindringendem Regenwasser.*

*Verblendung*
*Dünne Steinplatten, mit denen die Mauer eine schöne Ansichtsseite erhält.*

*Hohlblockstein*
*Innen besteht die Mauer aus Hohlblocksteinen.*

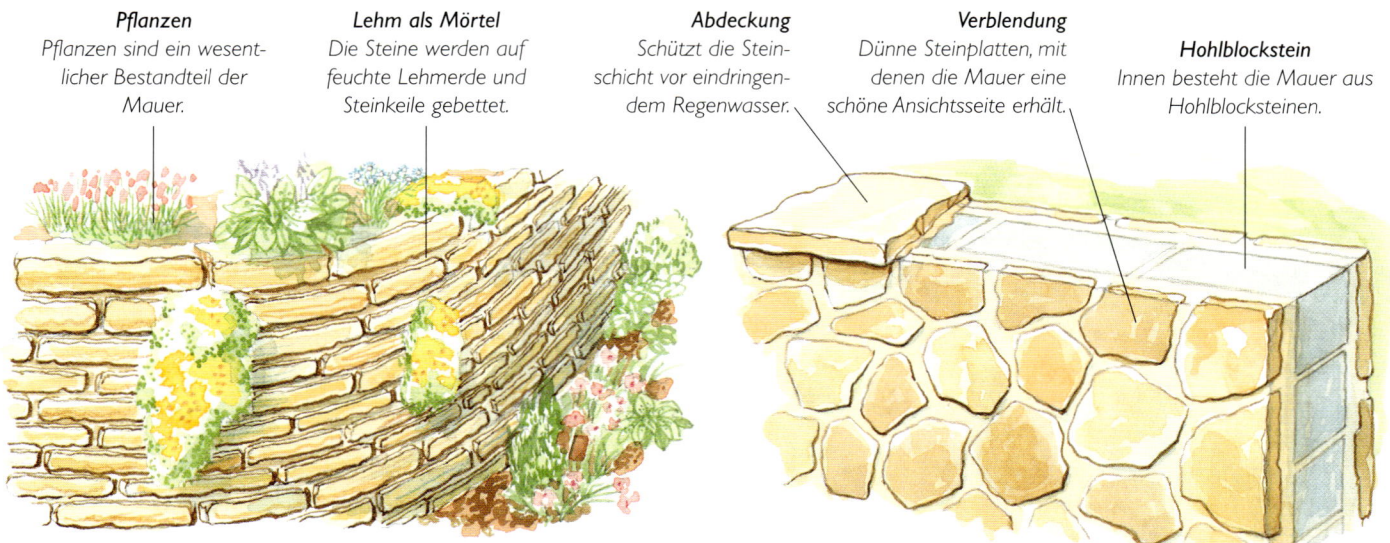

*Oben:* Böschungswall aus trocken aufgemauerten Bruchsteinen. Jede Steinlage sollte in gleicher Flucht liegen; die senkrechten Fugen müssen versetzt sein. Die Pflanzen stabilisieren mit ihrem weitreichenden Wurzelwerk die Mauer zusätzlich.

*Oben:* Verblendete Mauer. Polygonalplatten aus Naturstein werden in ein Mörtelbett vor das Mauerwerk gesetzt. Es wird jeweils nur eine Reihe auf einmal verlegt, damit der Mörtel Zeit zum Abbinden hat.

## Trockenmauern

Eine Trockenmauer wird üblicherweise aus ortstypischem Stein aufgeschichtet – Feldsteine, Stein aus dem nächstgelegenen Steinbruch oder Flusskiesel. Mauern dieser Art passen aus einem ganz einfachen Grund gut in ihre Umgebung: Durch die Verwendung heimischer Steine verschmelzen sie mit der Landschaft in Farbe und Beschaffenheit. Trockenmauern sind im Querschnitt an der Basis breiter als oben; eine niedrige Mauer wird direkt auf dem Boden aufgeschichtet, eine hohe dagegen auf einem tiefen, frostsicheren Fundament gegründet. Den oberen Abschluss bildet eine Rollschicht aus hochkant gesetzten Steinen, eine Lage Decksteine, eingemörtelte Kiesel oder eine graswachsene Mischung von Steinen und loser Erde.

## Böschungsmauern

Eine Böschungsmauer ist eine niedrige Mauer, die dahinter aufgeschüttetes Erdreich abstützt. Mit dieser Mauer stuft man häufig abschüssiges Gelände terrassenförmig ab. Wollen Sie einen steilen Abhang terrassieren, sind mehrere niedrige Mauern immer besser als ein oder zwei hohe. Ist Ihr

---

Boden schwer und nass, so ist ein frostfrei gegründetes Fundament notwendig; der Fuß der Mauer sollte besonders breit sein, und die Rückseite der Mauer wird mit einer Schotterpackung hinterfüllt, in der ein Drainagerohr das überschüssige Wasser sammelt und abführt.

## In Mörtel gesetzte Mauern

Gemörtelte Mauern werden üblicherweise auf einem Betonfundament gegründet. Die Lagen werden aus Werkstein, rohem Bruchstein, wiederverwerteten Steinen oder sorgsam ausgewählten Feldsteinen gesetzt. Bei diesem Mauertyp sollten Sie vier Regeln beachten: Kratzen Sie den Mörtel in den Fugen so tief wie möglich aus („Schattenfugen"), um möglichst viel Stein sichtbar zu lassen; mischen Sie reichlich Kalk unter den Mörtel; mischen Sie den Mörtel steif („kellengerecht") an; feuchten Sie den Stein vor dem Setzen an. Wenn Sie sich in Fragen der richtigen Mörtelmischung, der Farbe oder Saugfähigkeit Ihres Steins, der Breite der Lagen oder dem Standort der Mauer im Garten unsicher fühlen, so sollten Sie zunächst einen kleinen Mauerabschnitt zur Probe bauen.

---

### ACHTUNG

Ein Hochbau aus Stein muss grundsätzlich fest und sicher stehen und fachgerecht stabilisiert worden sein. Noch unerfahrene Hobbymaurer sollten auf keinen Fall höher als mannshoch bauen.

## SO ZIEHEN SIE EINE GERADE MAUER

Füllen Sie einen 30 cm tiefen Graben zur Hälfte mit verdichtetem Bruchstein und ziehen Sie darüber eine 15 cm dicke Schicht aus Beton (siehe Seite 24). Kontrollieren Sie jeden einzelnen Bauabschnitt mit der Wasserwaage. Nach dem Aushärten der Betonschicht legen Sie in ganzer Mauerlänge die erste Lage Steine trocken aus. Wählen Sie die Steine möglichst passend aus; gegebenenfalls kürzen Sie sie. Die Steine sollten alle möglichst gleich dick sein. Legen Sie die Steine zur Seite, feuchten Sie sie an und legen Sie eine dicke Mörtelschicht auf das Betonfundament. Betten Sie die Steine in den Mörtel und klopfen Sie sie mit dem Hammer fest. Versetzen Sie die nächste Lage Steine, damit keine instabilen Kreuzfugen entstehen.

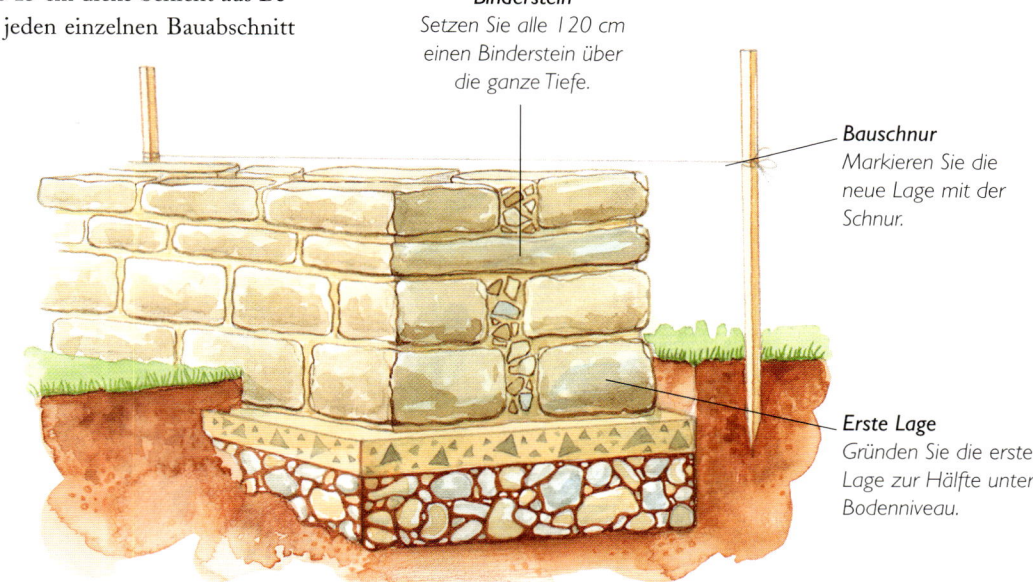

**Binderstein**
*Setzen Sie alle 120 cm einen Binderstein über die ganze Tiefe.*

**Bauschnur**
*Markieren Sie die neue Lage mit der Schnur.*

**Erste Lage**
*Gründen Sie die erste Lage zur Hälfte unter Bodenniveau.*

## SÄULEN UND PFEILER

### So bauen Sie eine Säule

Pfeiler, runde und quadratische Säulen werden auf sehr ähnliche Weise konstruiert. Eine runde Säule allerdings ist eine echte Herausforderung, der man sich unbedingt stellen sollte. Es ist recht arbeitsaufwändig, die einzelnen Steine so einzupassen, dass sie der Rundung möglichst exakt entsprechen. Am besten legen Sie jede Lage erst einmal trocken aus, zuerst den äußeren Rand und dann die Mitte. Legen

Sie sie dann zur Seite, tragen Sie Mörtel auf und betten Sie die ausgewählten und eventuell zurechtgeschlagenen Steine darauf. Überprüfen Sie Horizontale und Vertikale mit der Wasserwaage und korrigieren Sie gegebenenfalls, indem Sie die fertige Lage in das Mörtelbett drücken bzw. die Steine mit Bruchstücken wieder etwas anheben. Legen Sie dann die nächste Lage. Wollen die Lagen nach außen rutschen, warten Sie, bis der Mörtel sich verfestigt hat.

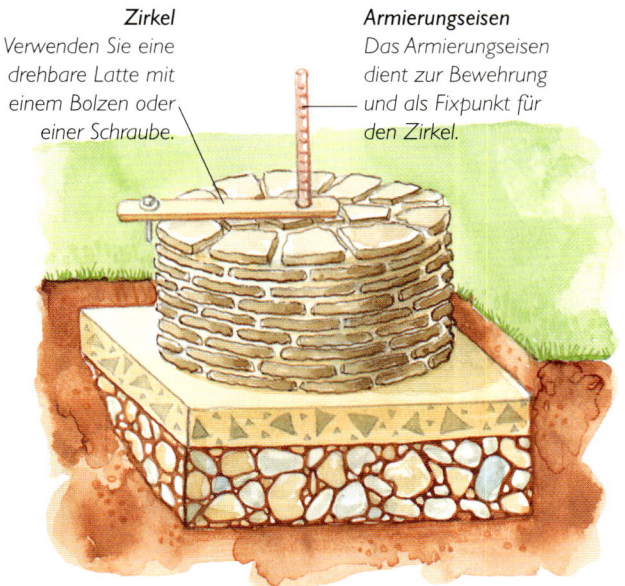

**Zirkel**
*Verwenden Sie eine drehbare Latte mit einem Bolzen oder einer Schraube.*

**Armierungseisen**
*Das Armierungseisen dient zur Bewehrung und als Fixpunkt für den Zirkel.*

*Oben:* Mit dem provisorischen Zirkel, der um das Armierungseisen kreist, wird die Rundung der gemauerten Säule kontrolliert.

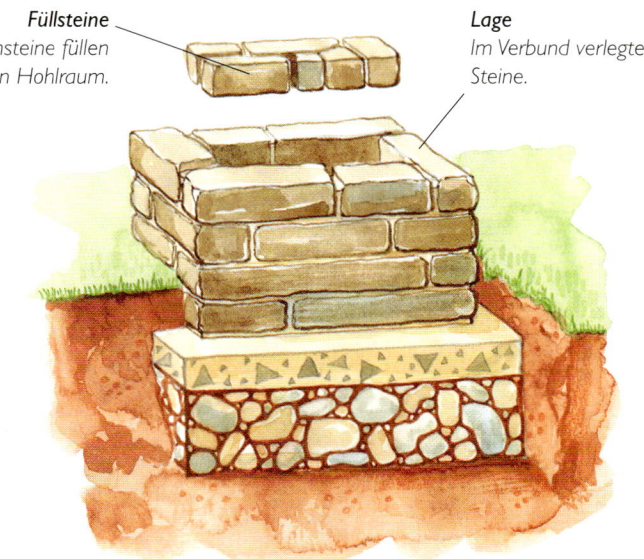

**Füllsteine**
*Bruchsteine füllen den Hohlraum.*

**Lage**
*Im Verbund verlegte Steine.*

*Oben:* Der quadratische Pfeiler wird lagenweise hochgezogen und mit Bruchstein verfüllt. Vermeiden Sie Kreuzfugen.

# Teil 2: Gestaltungsideen aus Stein

# Pfad aus Trittplatten

Aus rau geschnittenen Steinplatten lässt sich ein reizvoller Pfad legen, perfekt für leichte Beanspruchung durch Fußgänger, toll zum Wetthüpfen für Kinder und zudem schubkarrengeeignet. Der kurvige Verlauf des Pfades bereichert den Garten um ein gestalterisches Element, denn er lenkt das Auge gefällig von einem Betrachtungspunkt zum nächsten.

## ZEITAUFWAND

Etwa einen halben Tag (für neun Platten mittlerer Größe)

## SICHERHEIT

Beim Verlegen der Platten kann man sich leicht an den Fingern verletzen; tragen Sie Lederhandschuhe.

## WAS SIE BENÖTIGEN

**Material** für einen Pfad aus neun Trittsteinen
- Steinplatten: 9 alte Schiefer- oder Kalksteinplatten, etwa 40 × 50 × 5 cm groß
- Feinsand: etwa einen Eimer Sand pro Platte

**Werkzeug**
- Schubkarre
- Spaten
- Grabegabel
- 10-Liter-Eimer
- Kantholz zum Festklopfen: etwa 50 cm lang, 6 × 5 cm dick
- Vorschlaghammer

## WEGVERLAUF

Bedenken Sie den Fußverkehr in Ihrem Garten, bevor Sie sich für einen Wegeverlauf entscheiden. Überschlagen Sie, wie oft Sie an einem Tag eine bestimmte Strecke zurücklegen. Nehmen Sie zum Beispiel immer den selben Weg, wenn Sie Küchenabfälle auf den Kompost bringen? Meiden Sie gewisse Stellen, weil der Boden zu nass ist? Ist der Rasen hier oder da durch starke Beanspruchung in Mitleidenschaft gezogen? Solche Stellen sind im Sommer staubig und kahl, im Winter matschig und ausgetreten.

Haben Sie alle Möglichkeiten und Faktoren bedacht, legen Sie den günstigsten Wegeverlauf fest. Berücksichtigen Sie die Schrittlänge der Personen, die den Weg am häufigsten benutzen, bevor Sie die Zahl der Platten und ihren Abstand festlegen. Bestimmen Sie die Schrittlänge mit einem „Probeschreiten" auf dem Rasen. Ein gängiges Maß ist eine Schrittlänge von etwa 65 cm zwischen zwei Plattenmittelpunkten. Bei der Wahl der Platten ist es unwichtig, ob sie gleich groß oder gerade sind, und selbst unterschiedliche Plattenstärken sind nicht wichtig, solange jeder Stein eine glatte, ebene Seite aufweist.

## QUERSCHNITT

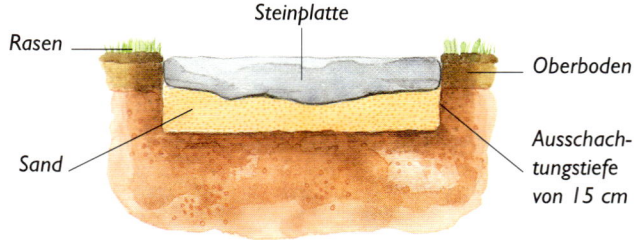

Rasen

Steinplatte

Oberboden

Sand

Ausschachtungstiefe von 15 cm

## DRAUFSICHT AUF DEN PLATTENWEG

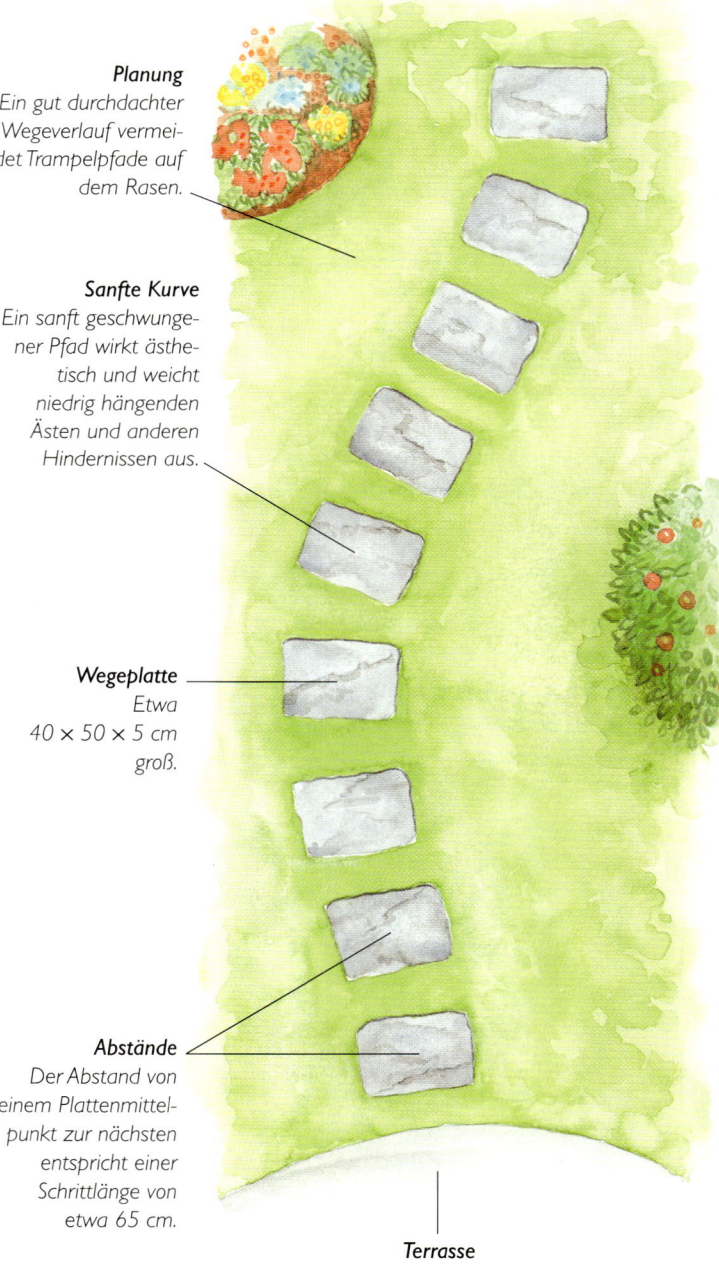

**Planung**
Ein gut durchdachter Wegeverlauf vermeidet Trampelpfade auf dem Rasen.

**Sanfte Kurve**
Ein sanft geschwungener Pfad wirkt ästhetisch und weicht niedrig hängenden Ästen und anderen Hindernissen aus.

**Wegeplatte**
Etwa 40 × 50 × 5 cm groß.

**Abstände**
Der Abstand von einem Plattenmittelpunkt zur nächsten entspricht einer Schrittlänge von etwa 65 cm.

Terrasse

# Schritt für Schritt: **So legen Sie den Pfad aus Trittplatten an**

*Abstände*
*Mit jedem Schritt sollten Sie bequem auf der nächsten Platte stehen.*

*Oberseite*
*Denken Sie daran, die schönere Seite nach oben zu legen.*

**I** Legen Sie die Steinplatten auf dem Rasen aus; passen Sie die Abstände an die Schrittlänge der Benutzer an. Probieren Sie unterschiedliche Kurven und Biegungen aus, bis Ihnen der Gesamtverlauf gefällt. Legen Sie die Platten jeweils mit der schöneren Seite nach oben.

## Unser Tipp

Wenn Ihnen beim Verlegen der Platten auffällt, dass sich ein Stein etwas aufspaltet, ist dies ein Anzeichen dafür, dass er nicht sehr fest ist und sich schnell abnutzen wird. Sortieren Sie ihn aus und ersetzen Sie ihn.

*Ausrichtung*
*Richten Sie die Platten im gleichen Abstand zueinander aus.*

*Rasen abheben*
*Gut geeignet hierfür ist eine Grabegabel mit runden Zinken.*

*Tiefe*
*Eine Vertiefung von etwa 15 cm ist ratsam.*

*Rasensoden*
*Heben Sie nicht mehr auf einmal, als Sie bequem bewältigen können.*

**2** Stechen Sie mit einem sauberen, scharfen Spaten den Boden dicht um die Platten ein. Halten Sie den Spaten dabei senkrecht und stechen Sie etwa 15 cm tief; überkreuzen Sie dabei die Ecken. Verfahren Sie so bei jeder einzelnen Platte.

**3** Legen Sie die Platte vorsichtig zur Seite. Vierteln Sie das Rasenrechteck mit dem Spaten, laden Sie die Viertel mit der Grabegabel in die Schubkarre und bringen Sie sie auf den Kompost. Schachten Sie ein etwa 15 cm tiefes Fundament aus.

**Tiefe**
Passen Sie die Kuhle in der Tiefe der jeweiligen Plattenstärke an.

**Plattenstärke**
Die Oberseite der Platte sollte 1 cm unter dem Rasen liegen.

**Ecken**
Stechen Sie die Ecken besonders sorgfältig aus.

**Rasen**
Versuchen Sie, die Rasenkante unbeschädigt zu lassen.

**Sand**
Füllen Sie die Aussparung mit Sand.

**4** Entfernen Sie entlang der Plattenreihe Rasensoden und Erde, bis Sie für jede Platte das passende Loch haben. Arbeiten Sie die Ecken besonders sorgfältig – sie müssen scharf und sauber ausgestochen sein.

**5** Je nach Plattenstärke und Tiefe des Loches ziehen Sie Sand auf 8 bis 9 cm glatt und betten darauf die Steinplatte. Liegt die Platte mehr als 1 cm unter der Rasenfläche, heben Sie sie nochmal heraus und füllen mit Sand entsprechend auf.

**Vorschlaghammer**
Lassen Sie den Hammerstiel beim Festklopfen locker durch die Hände gleiten.

**6** Liegt die Steinplatte fest auf dem Sandbett auf, legen Sie das Kantholz diagonal darauf und klopfen die Platte vorsichtig mit dem Rücken des Vorschlaghammers fest. Sollte die Platte kippeln oder absacken, nehmen Sie sie auf und gleichen mit Sand aus.

**Kantholz fixieren**
Sichern Sie das Kantholz mit den Füßen.

**Tiefe**
Liegt die Platte nicht waagerecht, nehmen Sie sie wieder auf und gleichen Sie mit Sand aus.

# Spirale aus Flusskieseln

Mit größeren, in Beton gebetteten Kieseln lässt sich der Verkehr auf einer Einfahrt auf ausgesprochen dekorative Weise eindämmen. Auf den Steinen fährt es sich etwas unangenehm, und so steuern Besucher instinktiv darum herum. Wollen Sie Ihre Einfahrt mit einem attraktiven, haltbaren und gleichzeitig praktischen Blickfang verschönern, so sind größere Flusskiesel das ideale Material.

## WAS SIE BENÖTIGEN

**Material** für einen Kreis von 180 cm Durchmesser

- Unterbau: 4 Schubkarren zerkleinerten Bauschutt oder Schotter
- Beton: 1 Teil (50 kg) Zement, 2 Teile (100 kg) Brechsand, 3 Teile (150 kg) Zuschlagstoff
- Flusskiesel: 100 kg Kieselsteine von 80 mm Größe (zur Auswahl)
- Kies: 75 kg groben Kies, 25 mm Körnung (zur Auswahl)

**Werkzeug**

- Maßband und Kreide
- Schubkarre
- Vorschlaghammer
- Maurerhammer
- Schaufel und Spaten
- 10-Liter-Eimer
- Richtscheit: etwa 90 × 10 × 2 cm
- Maurerkelle

## ABSTECKEN UND PLANEN

Stimmen Sie die Kreisgröße auf Ihre Einfahrt ab. Unser Kreis ersetzt ein Blumenbeet mit Ziegelsteinkante. Sie können Ihren Kreis auch größer machen und zum Beispiel mit Pflastersteinen säumen. Der Radius des Kreises darf aber nicht größer sein, als Sie mit Ihren Armen in den Mittelpunkt reichen können!

Waschen Sie die Kiesel, sortieren Sie sie und machen Sie einen Probedurchlauf. Markieren Sie den Kreis mit Kreide, indem Sie von seinem Mittelpunkt ausgehend eine Schnur mit Kreide herumführen. Transportieren Sie die Steine in der Schubkarre heran. Der größte Stein kommt in die Mitte; von hier ausgehend legen Sie aus immer kleiner werdenden Steinen im Uhrzeigersinn eine Spirale. Danach fügen Sie innerhalb dieser Flusskieselspirale eine zweite aus kleineren Kieselsteinen ein.

Die Dynamik der Spirale kann man noch steigern, indem man von der Mitte aus ein Strahlenmuster einarbeitet. Ist der Beton angemischt, heißt es schnell arbeiten, bevor er abbindet. Sperren Sie hinterher unbedingt den Kreis ab, damit Sie nicht aus Versehen darüber fahren, bevor er ganz ausgehärtet ist.

## DRAUFSICHT AUF DIE KIESELSTEINSPIRALE

**Einfahrt**
Bereits vorhandene Betonfläche und Ziegelsteinkante.

**Randausführung**
Die Betonkante wird zu einem Keil abgeschrägt.

**Ziegelsteinkante**
Die hochkant gestellten Ziegel fassen den Kreis ein.

**Betonfläche**
180 cm im Durchmesser.

**Kieselsteine**
8 cm-Kiesel, in Beton gebettet.

**Kiesschotter**
2,5 cm-Kiesel, in Beton gebettet.

## QUERSCHNITT

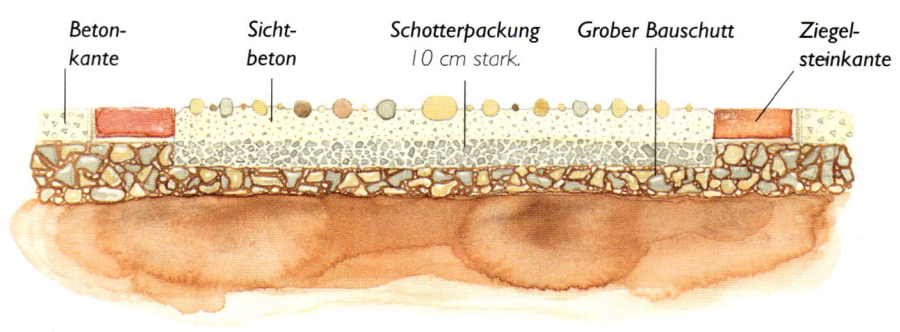

**Beton-kante**

**Sicht-beton**

**Schotterpackung**
10 cm stark.

**Grober Bauschutt**

**Ziegel-steinkante**

## Schritt für Schritt: **So entsteht die Spirale aus Flusskieseln**

*Unterbau*
Verdichten Sie den Schotter mit dem Vorschlaghammer.

*Stampfen*
Bearbeiten Sie den Beton mit kurzen, klopfenden Bewegungen.

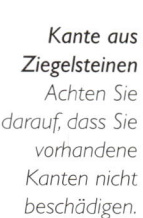

*Kante aus Ziegelsteinen*
Achten Sie darauf, dass Sie vorhandene Kanten nicht beschädigen.

*Kreismitte*
Setzen Sie das eine Ende des Richtscheits in der Kreismitte auf.

*Strahlenmuster*
Stampfen Sie den Beton strahlenförmig ein.

**1** Markieren Sie den Kreis und heben Sie eine Vertiefung von etwa 18 cm aus. Müssen Sie Beton entfernen, so zerschlagen Sie ihn mit Vorschlag- und Maurerhammer. Schaufeln Sie Schotter in die Grube und verdichten Sie ihn mit dem Vorschlaghammer. Die Schotterpackung sollte 10 cm stark sein.

**2** Messen Sie die Bestandteile für den Beton ab (Zement, Brechsand, Zuschlag). Füllen Sie den Eimer mit Wasser. Setzen Sie der Trockenmischung die nötige Menge Wasser zu. Schütten Sie den Beton in den Kreis, streichen Sie ihn mit dem Richtscheit auf Kantenhöhe glatt und drücken Sie das Sternmuster ein.

*Abwinkeln*
Winkeln Sie die Kelle zur Kante hin ab.

*Kieselsteine*
Sortieren Sie die Kieselsteine nach Größe.

*Glatter Rand*
Ziehen Sie den Rand mit der Maurerkelle glatt ab.

*Spirale*
Legen Sie eine gleichmäßige Spirale.

*Klopfen*
Das Eigengewicht des Hammers treibt die Steine ein.

**3** Halten Sie die Maurerkelle schräg gegen die Kante und ziehen Sie sie mehrmals am Innenkreis entlang, bis Sie einen glatten, abgeschrägten Rand erhalten.

**4** Wählen Sie einen schönen Stein für die Mitte aus und klopfen Sie ihn vorsichtig ein, wobei Sie lediglich das Eigengewicht des Vorschlaghammers nutzen. Setzen Sie ein Dutzend Steine auf gleiche Weise; das Spiralmuster wird erkennbar.

**Angeschlagene Steine**
*Sortieren Sie angeschlagene Steine aus.*

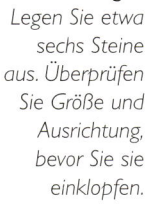

**5** Legen Sie immer weitere Steine aus; richten Sie sie sorgfältig aus und klopfen Sie sie mit dem Vorschlaghammer ein. Treten Sie hin und wieder einen Schritt zurück und prüfen Sie, ob die Spirale gleichmäßig in Kreisform angeordnet ist.

**Probelegen**
*Legen Sie etwa sechs Steine aus. Überprüfen Sie Größe und Ausrichtung, bevor Sie sie einklopfen.*

**Abstände**
*Die Spirale sollte möglichst gleichmäßig nach außen laufen.*

**6** Ist die erste Spirale aus größeren Flusskieseln vollendet, legen Sie eine zweite aus kleineren Kieselsteinen aus. Klopfen Sie diese mit dem Maurerhammer ein. Lassen Sie den Beton sieben Tage abbinden, bevor Sie darüber fahren.

**Kieselsteine**
*Die Kieselstein-spirale liegt innerhalb der Spirale aus größeren Flusskieseln.*

### Unser Tipp

Waschen Sie die Steine einzeln ab und legen Sie etwa sechs auf einmal aus. Treiben Sie sie nicht kraftvoll ein, da das Gewicht des Hammers ausreicht. Klopfen Sie ganz leicht, bis der Stein etwas mehr als halb versenkt ist.

# Alpiner Steingarten

Dieser Steingarten ist einer natürlichen Felsformation nachempfunden. Große und kleinere dekorative Felssteine setzen attraktive Akzente in einer vormals gleichförmigen Rasenfläche; das scheinbar aus dem Boden zutage tretende Gestein läßt mächtige Kräfte vermuten, die unter dem Garten am Werke sind. Ein gut durchlässiger, kalkhaltiger Boden schafft gleichzeitig eine ideale Umgebung für typische Steingartengewächse.

## ZEITAUFWAND

Grundgerüst: ein Wochenende; Steine verteilen, bepflanzen: zwei Tage.

## SICHERHEIT

Es ist anstrengend und nicht ungefährlich, große Steine zu transportieren – arbeiten Sie nicht alleine.

## WAS SIE BENÖTIGEN

**Material** für einen Steingarten von 300 × 240 × 60 cm
- Erde: 1,5 Tonnen (2 Teile fruchtbaren Oberboden, 4 Teile Brechsand)
- Große Felsen: 6 große Sandsteinblöcke (die größten, die Sie bewältigen können)
- Dünne Sandsteinplatten: etwa 1 Tonne (als „tragendes" Gestein und für einen hübschen Randabschluss)
- Kleinere Felsen: 6 mittelgroße Sandsteinfelsen

- Splitt: 25 kg Granitschotter und 25 kg Kalksplitt, gründlich gewaschen

**Werkzeug**
- Grabegabel
- Schubkarre
- Schaufel und Spaten
- Fäustel
- Pflanzschippe

### DRAUFSICHT AUF DEN STEINGARTEN

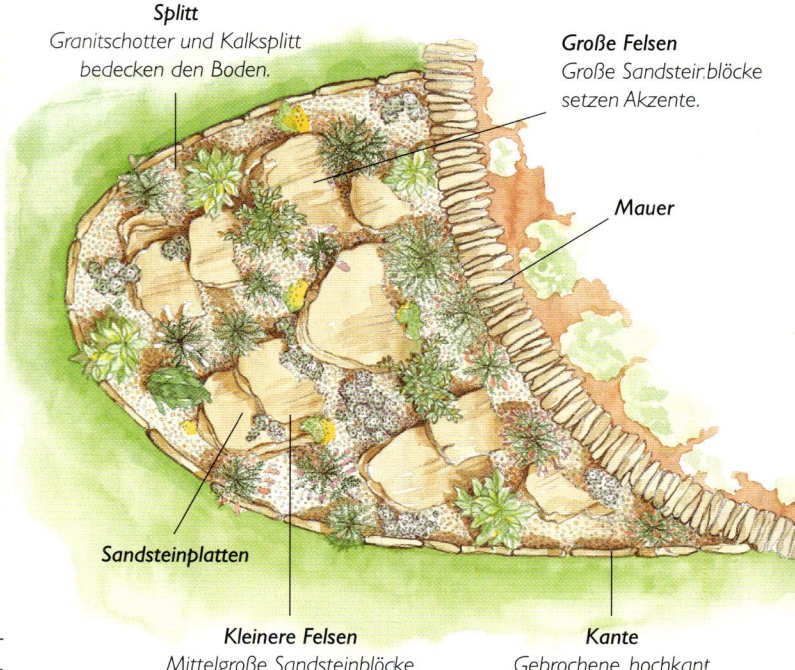

**Splitt**
Granitschotter und Kalksplitt bedecken den Boden.

**Große Felsen**
Große Sandsteinblöcke setzen Akzente.

**Mauer**

**Sandsteinplatten**

**Kleinere Felsen**
Mittelgroße Sandsteinblöcke vervollständigen das Bild.

**Kante**
Gebrochene, hochkant gestellte Sandsteinplatten.

## LANDSCHAFT AUS FELSEN UND HEIDEPFLANZEN

Betrachten Sie Ihren Garten genau und versuchen Sie sich vorzustellen, an welche Stellen ein Steingarten passen könnte. Möchten Sie ein Inselbeet mitten im Rasen, oder soll es eine Halbinsel werden, die den Rasen unterteilt? Haben Sie vor, ein freistehendes Beet mit zugekaufter Erde anzulegen, oder haben Sie von einem anderen Projekt noch Boden übrig? Denn sobald Sie auf schon vorhandene Erde zurückgreifen können, etwa auf Aushub von einem Gartenteich oder einem Anbau, sparen Sie Zeit und Geld.

Ein Großteil der Arbeit für dieses Projekt besteht im Transportieren von Erde und Stein. Im Idealfall lässt es sich so planen, dass alles nur über kurze Distanz bewegt werden muss. Arbeiten Sie mit der Schubkarre; für die großen Steine bitten Sie eine zweite Person um Hilfe (siehe Seite 21).

Wählen Sie für den Steingarten möglichst eine Stelle in einiger Entfernung von formalen Rabatten, damit sich die unterschiedlichen Bepflanzungen nicht in ihrer Wirkung beeinträchtigen. Bei unserem Entwurf hatten wir eine Felsformation im Auge, wie sie häufig am Fuß eines Geröllhangs zu finden ist, wo Felsen und Heidegewächse auf grüne Wiesen treffen.

### QUERSCHNITT DURCH DEN STEINGARTEN

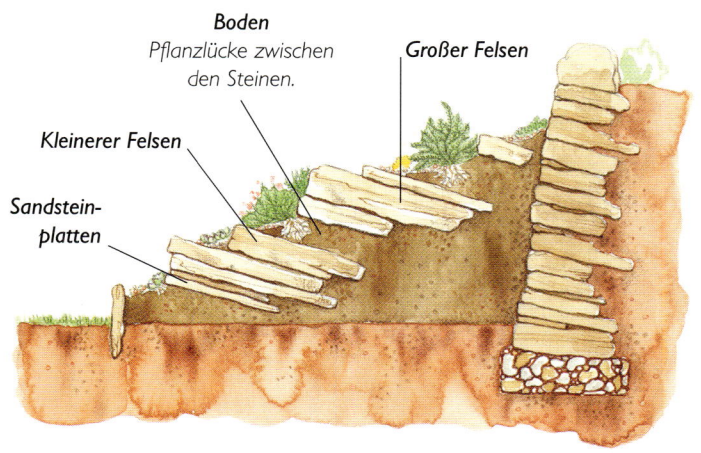

**Boden**
Pflanzlücke zwischen den Steinen.

**Großer Felsen**

**Kleinerer Felsen**

**Sandsteinplatten**

# Schritt für Schritt: **So entsteht der alpine Steingarten**

*Böschungsmauer*
*Nutzen Sie am besten eine bereits vorhandene Abstützung wie die Böschungsmauer.*

*Neigung*
*Wählen Sie den Neigungs-winkel so, dass die Vertiefung nach hinten abfällt.*

*Boden verteilen*
*Die Grabegabel und Ihre Füße dienen Ihnen hierbei als Werkzeuge.*

*Vertiefung*
*Die Vertiefung sollte der Größe des Felsens entsprechen.*

*Probelauf*
*Wahrscheinlich müssen Sie öfter Maß neh-men, damit das Loch die rich-tige Größe und Neigung hat.*

**1** Arbeiten Sie mit der Grabegabel den Erdhaufen durch und entfernen Sie Unkräuter, Tonklumpen und unerwünschte Steine. Treten Sie die Erde fest, bis Hohl-räume geschlossen sind und der Hügel seine Grundform hat.

**2** Die großen Felsen werden wie eine Folge von Stufen angeordnet. Graben Sie dazu zunächst am unteren Ende des Erdhügels eine Vertiefung und lassen Sie vorsichtig einen der größten Sandstein-blöcke hineinrutschen.

*Gegengewicht*
*Belasten Sie die hintere Seite des Felsens mit Erde.*

**3** Sind Sie mit Lage und Nei-gung des Felsens zufrieden, verkeilen Sie mit dem Fäustel Stü-cke der Sandsteinplatten darunter. Auf ihnen liegt der Felsen voll-kommen fest.

*Keile*
*Schieben Sie Erde unter den Felsen, bis seine Vorderseite hochgedrückt wird. Verkeilen Sie kleinere Stücke Sand-stein unter dem Felsen, um diese Neigung zu sichern.*

### Unser Tipp

Schütten Sie unter der Vorderseite der Felsen den Boden so hoch auf, dass trotz seiner Verdichtung das Hauptgewicht des Fel-sens auf seinem hinteren Ende ruht. Verfestigen Sie die Erde mit Bauschutt, Ziegelbruch oder Schotter.

**Kleine Felsen**
*Vervollständigen Sie das Arrangement mit kleineren Felsen.*

**Boden**
*Splitt macht die Erde wasserdurchlässiger.*

**Neigungswinkel**
*Die gesetzten Sandsteinfelsen sollten alle den selben Neigungswinkel aufweisen.*

**Kante**
*Aufrecht gestellte Bruchplatten aus Sandstein umgrenzen den Steingarten.*

**Neigung**
*Bei kleineren Felsen reicht es aus, Erde unter den Stein zu füllen, um den gewünschten Neigungswinkel zu erhalten.*

**4** Arbeiten Sie in entsprechender Weise den Hügel aufwärts, bis eine Stufenfolge entstanden ist, die sanft in den Hang übergeht. Füllen Sie mit der Pflanzschippe Erde zwischen und um die Steine, um diese zu stabilisieren.

**5** Steht das Grundgerüst des Steingartens und haben alle Sandsteinfelsen den selben Neigungswinkel, umfassen Sie ihn mit einer Kante aus gebrochenen, hochkant in eine Furche gestellten Sandsteinplatten. Bepflanzen Sie den Steingarten.

**Blütenpracht**
*Wählen Sie Pflanzen, die zu verschiedenen Jahreszeiten blühen.*

**6** Sind alle Pflanzen eingesetzt, decken Sie die Erde zwischen Pflanzen und Steinen mit Granitschotter und Kalksplitt ab, um den Eindruck natürlich zutage tretenden Gesteins zu verstärken.

**Angießen**
*Gießen Sie die Pflanzen gut an.*

**Granitschotter und Kalksplitt**
*Eine Abdeckung aus Schotter und Kalksplitt hält den Boden feucht.*

## Inspirationen: **Steingärten**

**Der Kontrast zwischen großen Felsen und winzigen Pflanzen hat einen ganz besonderen Reiz. Steingärten kommen in unterschiedlichster Gestalt daher, von den schlichten Kiesbeeten Japans bis hin zu den kleinen Steingärten, die die englischen Vorstadtgärten der 20er und 30er Jahre prägten. Unabhängig von ihrer Größe verbinden die meisten Steingärten Felsen und Pflanzen zu einer natürlich wirkenden Komposition. Es gibt Steingartenpflanzen für vielerlei Standorte, für ungeschützte Lagen wie für Felsspalten, für sonnige wie für schattige Bereiche.**

*Rechts:* Diese Treppe aus imprägnierten Holzbohlen wurde durch eine einfache Idee in einen eindrucksvollen Steingarten verwandelt – große, ausgewählte Kalksteine säumen die Blockstufen, die mit Gesteinsschutt hinterfüllt sind. In dem kalkhaltigen Boden gedeihen kalkliebende Pflanzen bestens.

*Oben:* Zwergkoniferen und Alpenpflanzen zusammen mit Waliser Schiefer und Wasser. Die Stimmung erinnert an Quellwasser und die Abgeschiedenheit eines hochgelegenen Bergpasses.

*Rechts:* Ein Entwurf der englischen Gartenarchitektin Pamela Woods. Riesige Felsen, Kies, eine Holzterrasse und Wasser vereinen sich zu einem Ort der Ruhe und Harmonie.

# Kachelmosaik

Eine Terrasse mit Plattenbelag lässt sich auf einfache Weise dekorativ reparieren, indem man beschädigte Bereiche durch ein Mosaik aus Betonkacheln ersetzt. Man nimmt dazu die beschädigten Platten heraus und verlegt das Mosaik auf dem vorhandenen Untergrund aus Schotter und Beton in Mörtel.

### ZEITAUFWAND

1 ½ Arbeitstage (Verlege-arbeiten: acht Stunden; Ver-fugen, Steine säubern und Aufräumen: vier Stunden)

### SICHERHEIT

Trockener wie auch nasser Zement kann zu Hautreizungen und Verätzungen führen – tragen Sie beim Anmischen Handschuhe.

## WAS SIE BENÖTIGEN

**Material** für zwei Mosaike von 92 cm Kantenlänge
- Mörtel: 4 Teile (60 kg) Zement, 1 Teil (15 kg) Kalk, 9 Teile (135 kg) Feinsand
- Betonkacheln (Terrakotta-Imitat): 8 länglich-hexago-nale Kacheln (51 × 21,5 cm), 22 kleine Quadrate (15 × 15 cm), ein großes Quadrat (30 × 30 cm)
- Kies: 25 kg gewaschenen

groben Kies (15 bis 25 mm Korngröße)

**Werkzeug**
- Fäustel
- Schubkarre
- Maßband und Kreide
- 10-Liter-Eimer
- Schaufel und Spaten
- Richtscheit aus Holz: etwa 40 × 6 × 2,5 cm
- Reibebrett
- Maurerkelle

## DEKORATIVE MUSTER

In diesem Beipiel haben wir Betonkacheln wie in einem Mosaik oder Kachelfußboden zusammengefügt. Gleich große Quadrate ergeben ein Rautenmuster; eine dynamischere Wirkung lässt sich mit zwei oder mehreren unterschiedlichen Formen erzielen, die zu einem sich wiederholenden Verlegemuster zusammengefügt sind. So verwende-ten wir Quadrate und Sechsecke in unterschiedlichen Größen.

Wir haben acht Betonplatten entfernt und dadurch zwei Qua-drate gleicher Größe freigelegt. Um alte Platten zu entfernen, müssen Sie mit dem Fäustel jeweils mitten auf die Platte schlagen und die Bruchstücke mit der Kelle herausheben. Unsere beiden freien Flä-chen haben wir mit Kacheln in drei Größen ausgelegt – einem Sechs-eck und zwei verschiedenen Quadraten – und die verbleibenden Lü-cken mit Kieselsteinen verziert. Am besten beginnen Sie mit wenigen Formen und legen probeweise verschiedene Muster, bis Ihnen etwas gefällt; dann kaufen Sie nach, was noch fehlt.

### DRAUFSICHT AUF DAS MOSAIKPFLASTER

**Kies**
Hübsche Kieselsteine, in Mörtel gebettet.

**Kleine quadratische Betonkachel**
15 × 15 cm groß.

**Plattenfläche**
Vorhandener Plattenbelag.

**Große quadratische Kachel**
30 × 30 cm groß.

**Sechseck-Kachel**
51 × 21,5 cm groß.

### QUERSCHNITT DURCH DAS KACHELMOSAIK

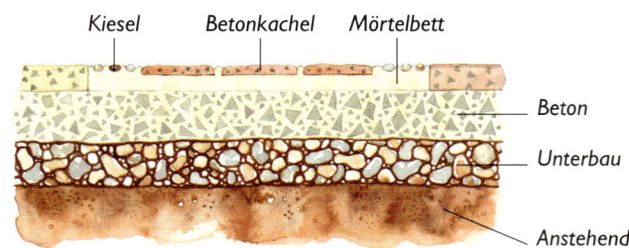

Kiesel    Betonkachel    Mörtelbett

Beton

Unterbau

Anstehendes Erdreich

Schritt für Schritt: **So legen Sie das Kachelmosaik**

*Plattenbelag*
Überprüfen Sie den vorhandenen Plattenbelag auf seine Stabilität.

*Ecken*
Achten Sie darauf, dass der Mörtel auch in die Ecken gelangt.

*Egalisieren*
Verteilen und verdichten Sie den Mörtel mit der Richtscheit möglichst gleichmäßig.

*Reibebrett*
Streichen Sie mit dem Brett von einer Seite bis zur anderen.

*Glattes Bett*
Die Oberfläche soll glatt und ebenmäßig sein.

**1** Zeichnen Sie mit Hilfe von Maßband und Kreide Hilfslinien auf die Betonplatten. Besprengen Sie den freigelegten Unterbau mit Wasser, schütten Sie Mörtel darauf und glätten Sie ihn mit der hölzernen Richtscheit so lange, bis er etwas niedriger als der Plattenbelag ist.

**2** Verteilen Sie den Mörtel mit dem Reibebrett bis in die Ecken und an die Seiten. Streichen Sie hin und her, bis Sie ein gleichmäßiges Bett ohne Unebenheiten haben.

*Mittellinie*
Achten Sie darauf, dass die Kacheln mit den aufgezeichneten Markierungen übereinstimmen.

**3** Tauchen Sie jeweils eine Kachel in einen Eimer Wasser, schütteln Sie überschüssiges Wasser ab und positionieren Sie die Kachel vorsichtig im weichen Mörtelbett. Ist das ganze Muster gesetzt, rücken und klopfen Sie die Kacheln behutsam mit dem Stiel der Maurerkelle zurecht.

*Festklopfen*
Klopfen Sie die Kachel mit dem Kellenstiel fest.

*Anfeuchten*
Besprengen Sie bei warmem Wetter die Kacheln mit Wasser, damit der Mörtel nicht zu schnell abbindet.

**Kachelniveau**
*Das Niveau der Kacheln sollte dem des Platten- belages entsprechen.*

**4** Sollte eine Kachel einmal zu tief oder schief liegen, he- ben Sie sie mit der Spitze der Maurerkelle an, geben ein wenig Mörtel darunter und betten sie vorsichtig wieder ein.

**Einbetten**
*Betten Sie die Kachel unter leichten Seit- wärtsbewegun- gen fest ein.*

### Unser Tipp

Fühlen sich die Kacheln aus Betonwerkstein bei sonni- gem Wetter heiß und trocken an, tränken Sie die Unterseite direkt vor dem Einbetten in Wasser. Be- wegen Sie die Kachel beim Aufsetzen leicht hin und her, bis sie greift.

**Kiesmuster**
*Legen Sie mit dem Kies ein an- sprechendes Muster.*

**5** Sind schließlich alle Betonka- cheln gesetzt, legen Sie die noch freien Mörtelstellen mit ei- nem Muster aus Kies aus. Setzen Sie die Kieselsteine einzeln ein. Verfugen Sie die Zwischenräume mit dünn angerührtem Mörtel, den Sie anschließend von der Ka- chel- und Kieseloberfläche sorg- sam entfernen müssen. Nach 24 Stunden können Sie bereits das Mosaik vorsichtig betreten, ohne es zu beschädigen. Nach sieben Tagen hält es dann auch größeren Belastungen stand.

**Reinigen**
*Nach dem Ver- fugen müssen Sie mit einem feuchten Tuch die Kacheln sauber abrei- ben und Mör- telflecken ent- fernen.*

# Hochbeet

Mit diesem Hochbeet gewinnen Sie eine zusätzliche Pflanzfläche für Ihren Garten, und der Höhenunterschied sorgt für ganz besonderen Reiz. Sie können das Hochbeet auf eine vorhandene Terrasse oder betonierte Fläche setzen. Das Beste an einem Hochbeet ist, dass man sich zum Jäten nicht zu bücken braucht. Unseres ist aus Kunststeinblöcken mit zwei Ansichtsflächen gemauert.

**ZEITAUFWAND**

Zwei Arbeitstage für Maurerarbeiten bei vorhandenem Fundament.

**SICHERHEIT**

Kunststeinblöcke sind schwer und zerbrechlich. Gehen Sie vorsichtig damit um und tragen Sie möglichst Handschuhe.

## WAS SIE BENÖTIGEN

**Material** für ein Beet von 110 cm Seitenlänge und 51 cm Höhe
- Mörtel: 1 Teil (20 kg) Zement, 2 Teile (40 kg) Kalk, 6 Teile (120 kg) Feinsand
- Hohlblock-Kunststein (Yorkstein-Imitat) mit zwei Ansichtsflächen: 48 Quader à 45 × 15 × 6,5 cm
- Deckplatten (Yorkstein-Imitat): 8 Quader à 45 × 18,5 × 4,7 cm

**Werkzeug**
- Schubkarre
- Maßband und Kreide
- Wasserwaage und Richtscheit
- Schaufel
- 10-Liter-Eimer
- Maurerkelle
- Maurerhammer
- Spitzkelle
- Harte Bürste

## EIN BEET FÜR DIE TERRASSE

Suchen Sie eine Steinarbeit, die ein Minimum an Aufwand und Erfahrung erfordert, so sind Sie mit dieser gut beraten. Aus den angegebenen Materialien können Sie ein Beet aufmauern, ohne Steine kürzen zu müssen. Die Kunststeinblöcke sind raffiniert gearbeitet – alle sichtbaren Seiten wirken wie bossiert.

Unsere Arbeitsanleitung setzt eine bereits vorhandene Terrasse voraus; so brauchen Sie kein Fundament zu legen. Das Hochbeet kann entweder freistehend und somit von allen Seiten zugänglich gemauert werden oder aber vor eine Wand gesetzt werden. Entscheiden Sie sich für die zweite Möglichkeit, müssen Sie darauf achten, dass Ihnen genügend Spielraum zum Setzen der Steine bleibt.

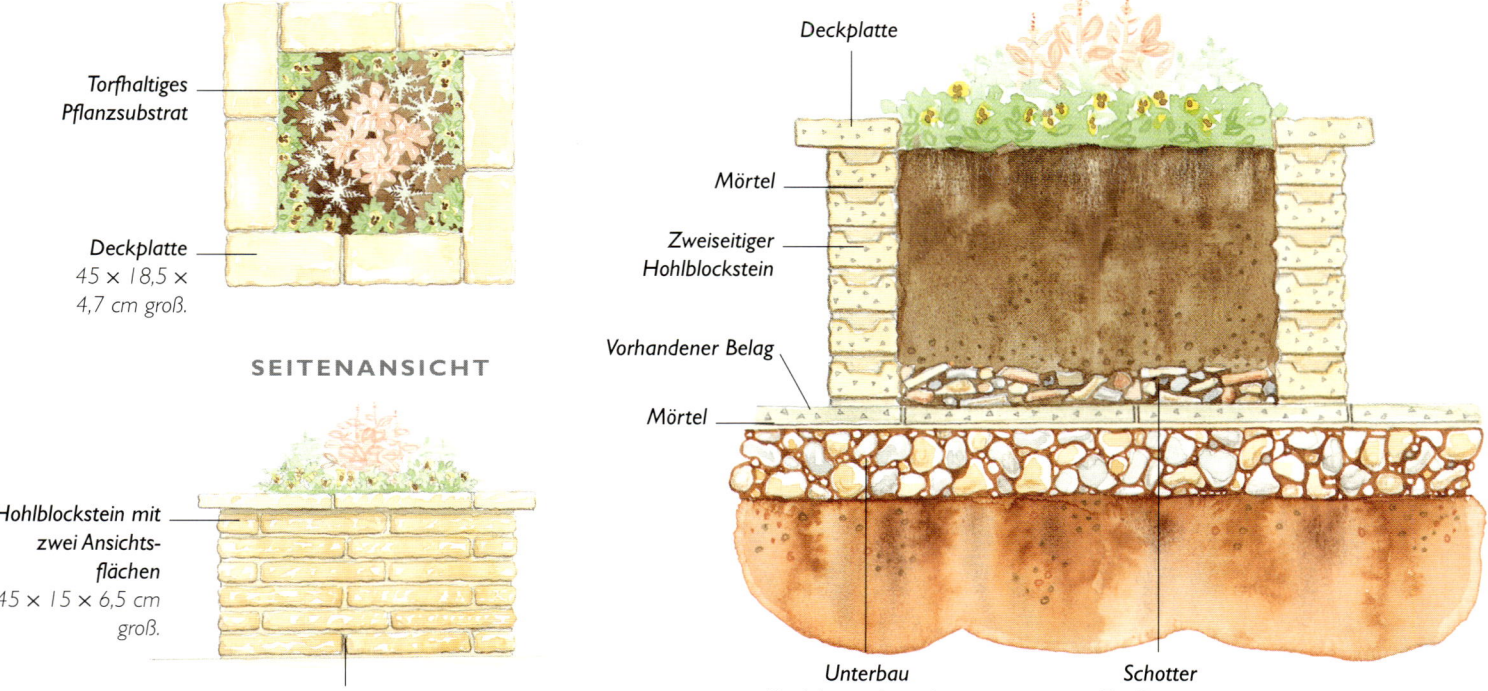

**DRAUFSICHT AUF DAS HOCHBEET**

Torfhaltiges Pflanzsubstrat

Deckplatte 45 × 18,5 × 4,7 cm groß.

**SEITENANSICHT**

Hohlblockstein mit zwei Ansichtsflächen 45 × 15 × 6,5 cm groß.

Wasserabzugsloch

**QUERSCHNITT DURCH DAS HOCHBEET**

Deckplatte

Mörtel

Zweiseitiger Hohlblockstein

Vorhandener Belag

Mörtel

Unterbau
Verdichteter Bauschutt.

Schotter
Zur Drainage.

## Schritt für Schritt: **So bauen Sie das Hochbeet**

*Kreidemarkierung*
*Markieren Sie den*
*Grundriss mit Kreide.*

**1** Legen Sie die Position des Hochbeetes mit Maßband, Kreide und Wasserwaage fest. Legen Sie mit acht Quadern die erste Lage so aus, dass überall die Längsseite zweier Steine und eine Stirnseite zu sehen sind.

*Nivellieren*
*Kontrollieren Sie mit der Wasserwaage, ob die Steine waagerecht liegen.*

*Drainage*
*In der ersten Lage bleibt ringsum jeweils eine Stoßfuge als Drainage-loch offen.*

### Unser Tipp

Beim Prüfen mit der Wasserwaage kann bereits ein daran anheftender Mörtel-klecks eine Höhendifferenz von 5 mm ausmachen. Reiben Sie daher vor dem Überprüfen sowohl die Waage als auch die Oberseite der Steine ab.

*Abstreichen*
*Streichen Sie jeweils an der Stirnseite eines Steins Mörtel ab.*

*Mörtel*
*Es macht nichts, wenn auf der Innenseite Mörtel hervorquillt.*

*Ausrichten*
*Rücken Sie die Steine mit dem Hammer zurecht.*

*Versetzte Lagen*
*Versetzen Sie die Steine gegenein-ander, um durch-gehende Stoßfu-gen zu ver-meiden.*

*Mörtelbett*
*Tragen Sie großzügig Mörtel auf.*

**2** Feuchten Sie den Terrassenbelag und die Kunststeine an und tragen Sie mit der Maurerkelle ein Mörtelbett auf. Setzen Sie einen Quader hinein, bringen Sie Mörtel in Steinlänge auf und betten Sie den nächsten Stein daneben.

**3** Kontrollieren Sie mit Wasserwaage und Richtscheit die waagerechte Ausrichtung der Steine. Klopfen Sie hervorstehende Steine mit dem Maurerhammer zurück. Versetzen Sie bei der zweiten Lage die Steine, um Kreuzfugen zu vermeiden.

**Fluchten**
Schauen Sie von oben an der Mauer herab und rücken Sie die Steine in eine Fluchtlinie.

**Mörtel**
Entfernen Sie vor dem Messen Mörtelreste.

**Überprüfen**
Prüfen Sie nach jeder Lage, ob die Steine waagerecht und gut ausgerichtet liegen.

**Nivellieren**
Stellen Sie sicher, dass sowohl Richtscheit als auch Wasserwaage frei von Mörtelresten sind.

**4** Mauern Sie weitere Lagen auf; kontrollieren Sie immer wieder mit Richtscheit und Wasserwaage. Richten Sie die Steine durch leichtes Klopfen mit dem Maurerhammer aus und streichen Sie austretenden Mörtel mit der Spitzkelle ab.

**5** Sind alle sechs Lagen gelegt, kratzen Sie mit der Spitzkelle die Fugen aus. Bürsten Sie Mörtelreste feucht ab und kontrollieren Sie mit der Wasserwaage auch die Diagonale. Müssen Sie ausgleichen und Steine ausrichten, nehmen Sie lieber das Richtscheit als die Wasserwaage.

**Festklopfen**
Klopfen Sie die Steine mit dem Kellengriff fest.

**6** Tragen Sie schließlich auf die oberste Lage Mörtel auf und setzen Sie die Deckplatten darauf. Ihre Rückseite sollte mit der Mauer abschließen; die Vorderseite kragt über. Lassen Sie den Mörtel zwei Tage lang aushärten, bevor Sie das Hochbeet mit Erde füllen.

**Einbetten**
Schieben Sie den Stein unter leichtem Druck ein wenig hin und her.

**Auskratzen**
Kratzen Sie die Fugen erst aus, wenn der Mörtel halb abgebunden hat.

# Treppe aus Natursteinplatten

**Eine Treppe aus Natursteinplatten ist nicht nur eine praktische Lösung für einen steilen Garten, sie ist auch ein dynamisches Gestaltungselement. Die Stufen leiten das Auge von einer Ebene zur nächsten und deuten an, dass es noch weitere Gartenbereiche zu erkunden gibt. Unser Bauwerk besteht aus drei Stufen.**

**ZEITAUFWAND**

Maurerarbeiten: ein Wochen-ende; Abbinden: sieben Tage, bis man die Stufen begehen kann.

**DER PROFITIPP**

Je langsamer und gleichmäßiger der Beton abbindet, desto stabiler ist er. Besprengen Sie ihn sieben Tage lang täglich mit Wasser. Decken Sie die Stufen mit Plastikfolie, Sackleinen oder Teppich-resten ab.

## QUERSCHNITT DURCH DIE NATURSTEINTREPPE

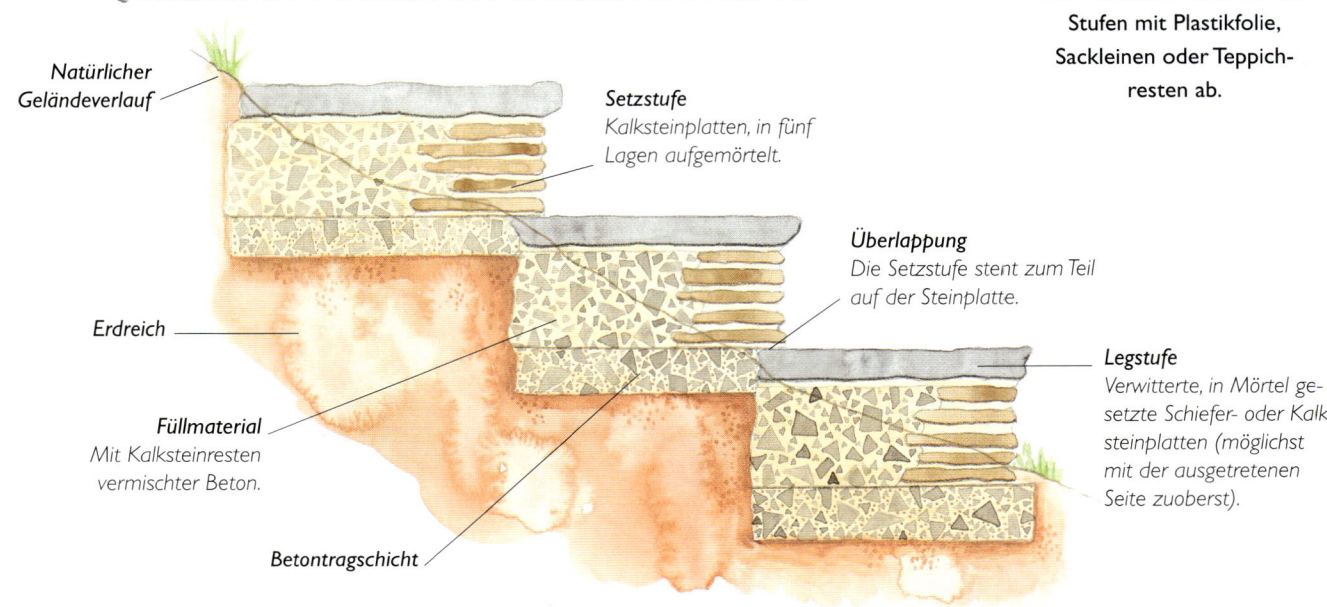

**Natürlicher Geländeverlauf**

**Setzstufe**
*Kalksteinplatten, in fünf Lagen aufgemörtelt.*

**Überlappung**
*Die Setzstufe stent zum Teil auf der Steinplatte.*

**Erdreich**

**Legstufe**
*Verwitterte, in Mörtel gesetzte Schiefer- oder Kalksteinplatten (möglichst mit der ausgetretenen Seite zuoberst).*

**Füllmaterial**
*Mit Kalksteinresten vermischter Beton.*

**Betontragschicht**

## WAS SIE BENÖTIGEN

**Material** für 3 Stufen von 60 cm Breite, 42 cm Tiefe und 17 cm Höhe
• Beton zum Hinterfüllen/ für 20 cm Tragschicht: 1 Teil (40 kg) Zement, 3 Teile (120 kg) Brechsand, 6 Teile (240 kg) Zuschlag, 18 Liter Wasser
• Mörtel: 1 Teil (10 kg) Zement, 2 Teile (20 kg) Kalk, 6 Teile (60 kg) Feinsand
• Schiefer- oder Kalksteinplatten: 3 alte Platten von etwa 60 × 42 × 4 cm
• Dünne Kalksteinplatten: 3 Quadratmeter alte Steinplatten, etwa 1,5 cm stark

**Werkzeug**
• Schubkarre
• 10-Liter-Eimer
• Maßband und Kreide
• Schaufel und Spaten
• Kantholz zum Einstampfen: etwa 60 × 8 × 5cm
• Wasserwaage
• Maurerhammer
• Maurerkelle
• Fäustel
• Spitzkelle

## TREPPAUF, TREPPAB DURCH DEN GARTEN

Überlegen Sie zuerst, an welcher Stelle Ihres Grundstücks sich diese Stufen aus Naturstein harmonisch in das Gesamtbild Ihres Gartens einfügen würden. Beachten Sie bei der Auswahl die Topographie des Gartens, vorhandene Gartenelemente, aber auch alte Fundamente und in der Erde verlaufende Rohre und Leitungen. Die Setzstufen werden etwa 12,5 cm hoch gemauert, wodurch sich eine Gesamthöhe von maximal 17 cm pro Stufe ergibt. Jede Stufe wird in vier Abschnitten gebaut – Aufbringen der Betontragschicht, Aufmauern der Setzstufe, Hinterfüllen der Setzstufe, Auflegen der Steinplatte.

Die Betontragschicht besteht aus einer 1:3:6-Mischung: Ein Teil Zement, drei Teile Brechsand und sechs Teile Zuschlag; für die Füllung der Setzstufen wird sie mit Bruchstein vermischt. Der Mörtel ist eine 1:2:6-Mischung: Ein Teil Zement, zwei Teile Kalk und sechs Teile Feinsand. Die Setzstufen bestehen aus fünf Lagen alter Kalksteinplatten; verlegen Sie sie mit der besten Seite nach außen. Wir haben die offene Böschung mit Feuersteinen bedeckt; vielleicht gefällt Ihnen etwas anderes besser: Kiesel, Feldsteine, Rasen, Bodendecker oder Rindenmulch können Sie genauso gut dafür verwenden.

# Treppe aus Natursteinplatten

## VORDERANSICHT UND AUFBAU DER TREPPE AUS NATURSTEINPLATTEN

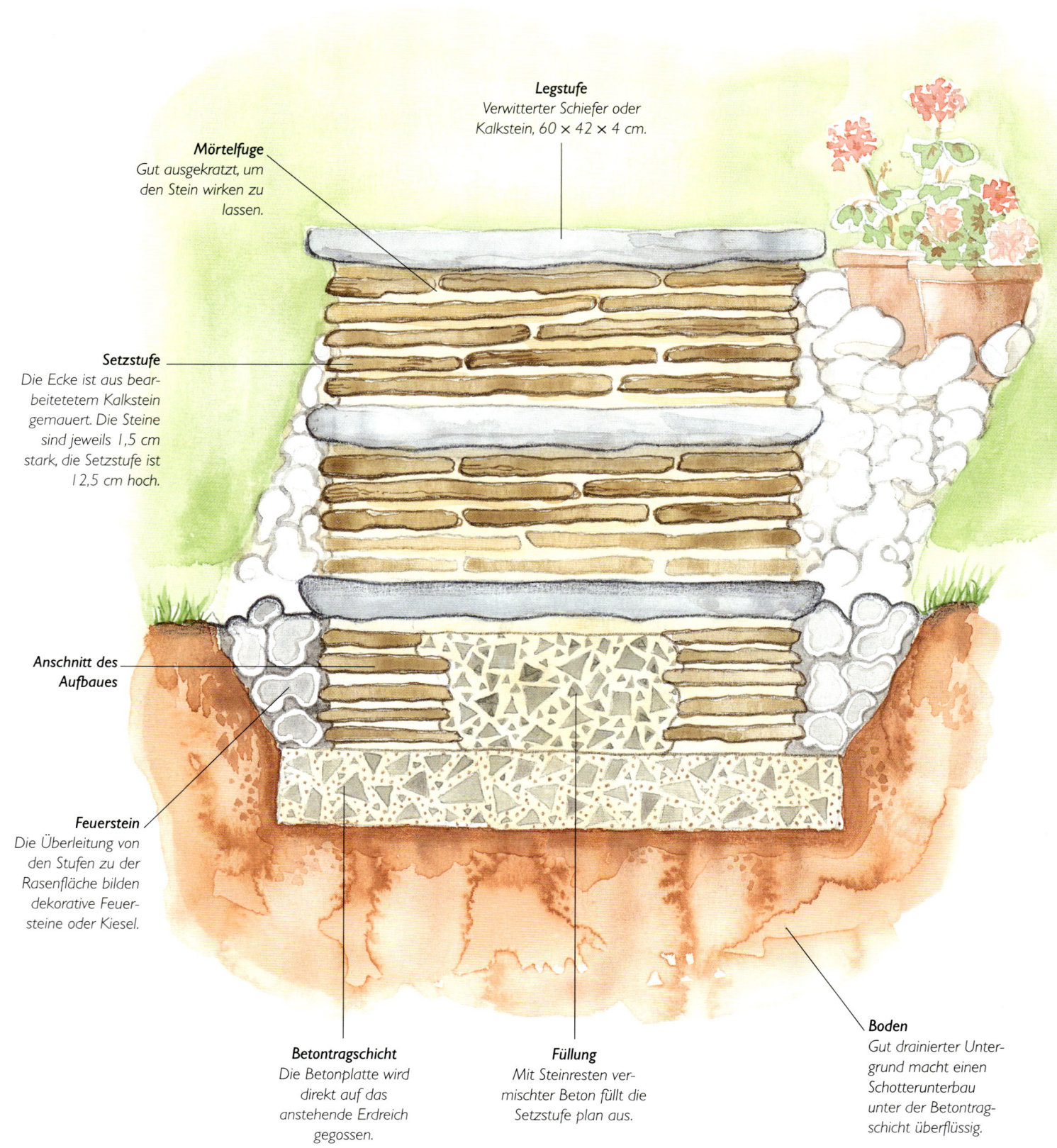

**Legstufe**
Verwitterter Schiefer oder
Kalkstein, 60 × 42 × 4 cm.

**Mörtelfuge**
Gut ausgekratzt, um
den Stein wirken zu
lassen.

**Setzstufe**
Die Ecke ist aus bear-
beitetem Kalkstein
gemauert. Die Steine
sind jeweils 1,5 cm
stark, die Setzstufe ist
12,5 cm hoch.

**Anschnitt des
Aufbaues**

**Feuerstein**
Die Überleitung von
den Stufen zu der
Rasenfläche bilden
dekorative Feuer-
steine oder Kiesel.

**Betontragschicht**
Die Betonplatte wird
direkt auf das
anstehende Erdreich
gegossen.

**Füllung**
Mit Steinresten ver-
mischter Beton füllt die
Setzstufe plan aus.

**Boden**
Gut drainierter Unter-
grund macht einen
Schotterunterbau
unter der Betontrag-
schicht überflüssig.

## DRAUFSICHT AUF DIE STUFEN

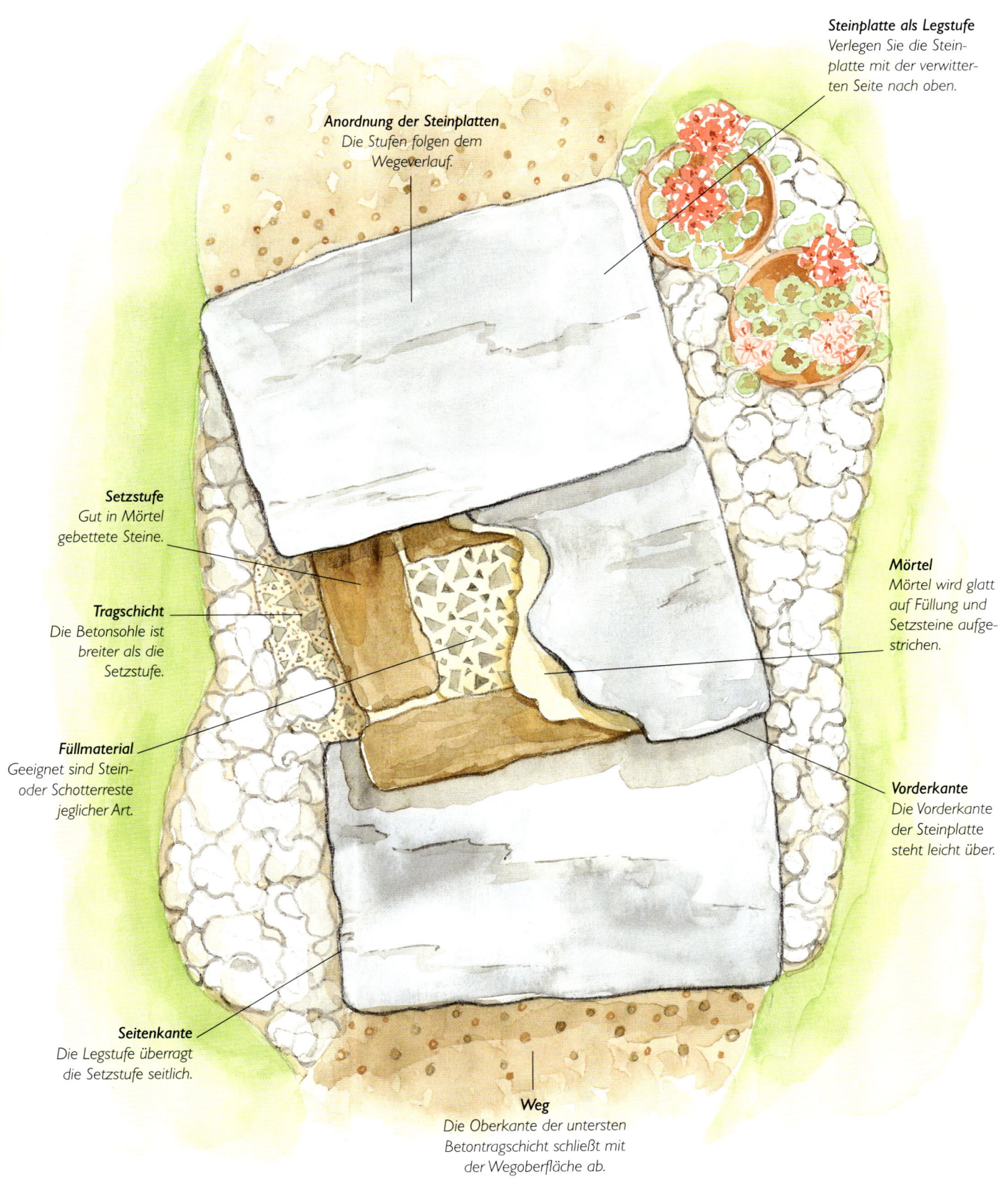

**Steinplatte als Legstufe**
Verlegen Sie die Steinplatte mit der verwitterten Seite nach oben.

**Anordnung der Steinplatten**
Die Stufen folgen dem Wegeverlauf.

**Mörtel**
Mörtel wird glatt auf Füllung und Setzsteine aufgestrichen.

**Setzstufe**
Gut in Mörtel gebettete Steine.

**Tragschicht**
Die Betonsohle ist breiter als die Setzstufe.

**Füllmaterial**
Geeignet sind Stein- oder Schotterreste jeglicher Art.

**Vorderkante**
Die Vorderkante der Steinplatte steht leicht über.

**Seitenkante**
Die Legstufe überragt die Setzstufe seitlich.

**Weg**
Die Oberkante der untersten Betontragschicht schließt mit der Wegoberfläche ab.

# Schritt für Schritt: **So mauern Sie die Treppe aus Natursteinplatten**

**Ausschachten**
*Koffern Sie so viel Erdreich aus, dass Sie genug Platz zum Arbeiten haben.*

**Erdeintrag**
*Vermeiden Sie zu diesem Zeitpunkt möglichst jegliches Abbröckeln von Erde des Grubenrandes.*

**Einstampfen**
*Mit dem Kantholz stampfen Sie den Beton waagerecht fest.*

**Markieren**
*Zeichnen Sie die Umrisse der Steinplatte mit Kreide auf.*

**Ausrichtung**
*Richten Sie die Steinplatte nach dem Treppenverlauf aus.*

**1** Für die Tragschicht der untersten Stufe messen Sie eine Fläche von 90 cm × 70 cm aus. Heben Sie das Erdreich an dieser Stelle so weit aus, dass das Planum an der vordereren Kante 10 cm tief unter dem Bodenniveau liegt. Füllen Sie die Grube mit Beton und stampfen Sie ihn mit dem Kantholz fest. Überprüfen Sie, ob er in Waage liegt.

**2** Lassen Sie die Betontragschicht über Nacht aushärten. Dann legen Sie dem Wegeverlauf entsprechend eine Steinplatte darauf und markieren ihre Umrisse. Legen Sie die Platte zur Seite.

**Ecken**
*Sorgen Sie für sauber gearbeitete, rechtwinklige Ecken.*

**3** Mauern Sie die Setzstufe aus ausgewählten Stücken der Kalksteinplatten; die Legstufe soll vorne und an den Seiten 1 bis 2 cm überstehen. Klopfen Sie die Steine mit dem Maurerhammer zurecht. Mauern Sie die Ansichtsseite und die Ecken ganz besonders sorgfältig; sie müssen unbedingt rechtwinklig sein.

**Kürzen**
*Kürzen Sie die Platten, bis sie gut passen.*

### *Unser Tipp*

Je mehr Zeit Sie in den Probedurchlauf investieren – Auswahl und Abstimmen der Steinplatten, Zurechtklopfen der Kanten –, desto problemloser lassen sich die Steine später aufmörteln.

**4** Mauern Sie aus fünf Lagen dünner Steinplatten einen Kasten von 12,5 cm Höhe. Füllen Sie die Mitte mit Beton und Bruchstein aus und lassen Sie die Mischung abbinden. Legen Sie mit der Maurerkelle eine 3 cm dicke Schicht Mörtel auf die Oberfläche. Ein Teil davon wird hervorquillen, wenn Sie die Steinplatte aufsetzen.

**Füllung**
*Füllen Sie die Setzstufe innen mit Beton und Bruchstein aus.*

**Ausrichten**
*Richten Sie die Lagen mit dem Kantholz auf eine Höhenniveau aus.*

**Absetzen**
*Setzen Sie die Steinplatte behutsam in das Mörtelbett ab.*

**Nivellieren**
*Kontrollieren Sie das Fundament mit der Wasserwaage.*

**Ausrichten**
*Richten Sie die Vorderkante der Legstufe etwa 1 cm tiefer aus, damit Regenwasser ablaufen kann und die Stufen schnell wieder abtrocknen.*

**Einstampfen**
*Stampfen Sie den Beton mit dem Kantholz waagerecht ein.*

**Fundament**
*Die Betontragschicht für die nächste Stufe und die Legstufe müssen auf dem selben Niveau liegen.*

**5** Senken Sie die Legstufe vorsichtig ab. Kontrollieren Sie ihre exakte Lage mit der Wasserwaage während des Festklopfens. Richten Sie die Platte mit etwa 1 cm Gefälle nach vorne aus. Ziehen Sie austretenden Mörtel mit der Spitzkelle ab.

**6** Schachten Sie oberhalb der ersten Stufe das Planum für die zweite Stufe in gleicher Größe aus. Betonieren Sie auch hier den Untergrund, mauern Sie die Setz- und die Legstufe auf. Bauen Sie jede weitere Stufe auf die gleiche Weise.

# Torfbeton-Trog für Steingartenpflanzen

## ZEITAUFWAND

Zwei Wochenenden (Graben der Form und Gießen: zwei Tage; Abbinden: fünf Tage; Freilegen und Bepflanzen des Troges: zwei Tage).

## SICHERHEIT

Bei der Herstellung des Troges muss sehr viel gegraben werden – Sie benötigen also einen fleißigen Helfer.

In den 40er Jahren entwickelten Gärtner eine Methode, nach der sie alte weiße Spülsteine mit einer Mischung von Sand, Zement und Torf beschichteten, um ihnen das Aussehen von Stein zu verleihen. Das Ergebnis war ein Riesenerfolg, denn es sah wie Tuffstein aus. Nach den verwendeten Materialien nannte man es Torfbeton. Wir sind noch einen Schritt weiter gegangen: Unser Trog besteht vollkommen aus Torfbeton, und er entsprießt wie durch Zauberei dem Boden!

### QUERSCHNITT DURCH DEN TROG

**Splitt**
*Eine Abdeckung aus Splitt hält Unkraut fern.*

**Substrat**
*Für Steingartenpflanzen geeignetes Pflanzsubstrat.*

**Torfbeton**

**Feinkies**
*Kies verhindert Staunässe.*

**Armierung**
*Drahtgeflecht verstärkt den Torfbeton.*

**Abzugsloch**
*Eine Tonscherbe deckt das Loch ab.*

**Podest**
*Ein Stück witterungsbeständige Holzbohle.*

## WAS SIE BENÖTIGEN

**Material** für einen Trog von 60 × 40 × 13 cm (Sockel nicht mitgerechnet)
- Torfbeton-Mischung: 5 kg Torf, 5 kg Zement, 30 kg Splitt oder Sand 0/16 mm, 2 Liter Wasser
- Rundhölzer (Besenstiel): 2 × 15 cm lang
- Drahtgeflecht: 25 cm Maschenweite, 57 × 37 cm
- Starke Holzbohle: 40 × 30 × 14,5 cm

**Werkzeug**
- Schaufel und Spaten
- Maßband
- Schnur und acht Pflöcke
- Wasserwaage
- Vorschlaghammer
- Maurerhammer
- Schubkarre und 10-Liter-Eimer
- Kantholz: etwa 60 × 8 × 2,5cm
- Drahtzange
- Spitzkelle
- Harte Bürste

## VERBORGENE SCHÄTZE

Suchen Sie sich für dieses Bauvorhaben ein brachliegendes Gartenstück – eine Ecke im Gemüsegarten oder vielleicht ein Stück Blumenbeet, das einem Rasen weichen soll. Ideal ist ein Boden, der eine mittlere Wasserdurchlässigkeit besitzt. Ein Gemisch von schwerem Lehm und Ton, das seine Form hält, wenn man es zusammendrückt, wäre perfekt. Wenn Sie die Zeichnungen und Fotografien betrachten, stellen Sie fest, dass der Trog kopfüber gegossen wird; sein Boden wird durch eine Lage Drahtgeflecht verstärkt. Die beiden Rundhölzer halten die Abzugslöcher frei. Dellen und Buckel im Erdreich werden zu Buckeln und Dellen im Trog – oder, anders ausgedrückt, die Vertiefung im Trog ist der Abdruck einer Bodenerhöhung. Achten Sie darauf, dass Sie den Torf für die Mischung wassergesättigt einbringen. Nach dem Abbinden graben Sie großzügig mit einem Spaten um die Bodenform herum und arbeiten sich vorsichtig zu Ihrem „Kunstwerk" vor. Die bepflanzte Schale müssen Sie später unbedingt frostfrei überwintern.

# Torfbeton-Trog für Steingartenpflanzen

## SEITENANSICHT DES TROGES

**Stein als Blickpunkt**
Auf einem Stein gedeihen genügsame Gewächse.

**Torfbeton-Trog**
60 × 40 × 13 cm groß.

**Hölzernes Podest**
Der Trog steht erhöht auf einem Holzbohlenstück (40 × 30 × 14,5 cm), das für Materialkontrast sorgt.

## DRAUFSICHT AUF DEN TROG

**Seitenfläche**
Die Gussform aus Erde bewirkt eine rustikale, steinartige Oberfläche.

**Stabile Seiten**
Die Seiten sind mindestens 7 cm stark.

## DRAUFSICHT AUF DEN TROG WÄHREND DER HERSTELLUNG

**Torfbeton**
Die oberste Schicht bedeckt das Drahtgeflecht glatt und eben.

**Armierung**
In den Boden des Troges ist eine Lage Drahtgeflecht eingebettet.

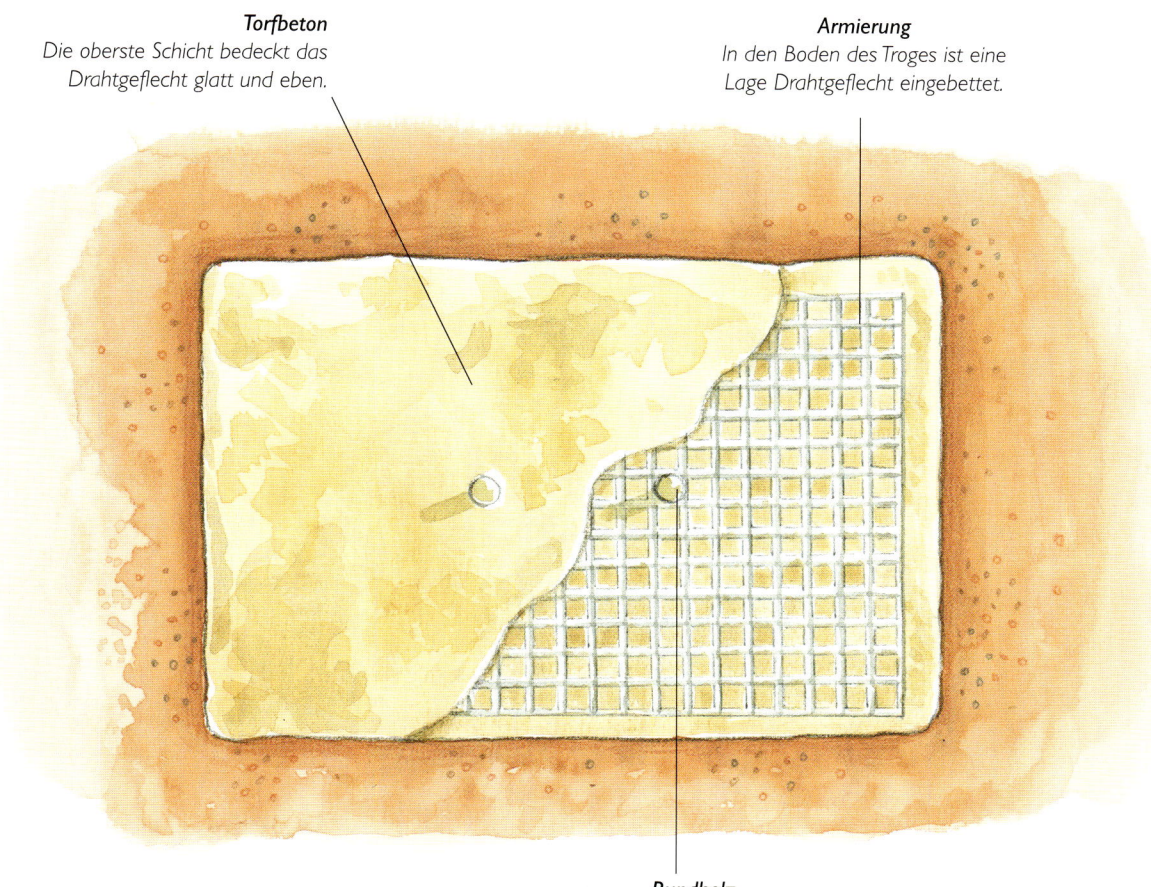

**Rundholz**
Rundhölzer, die durch das Drahtgeflecht bis in das Erdreich gesteckt werden, halten Abzugslöcher frei.

## QUERSCHNITT DURCH DEN TROG WÄHREND DES FREILEGENS

**Freischaufeln**
Rund um den Trog wird ein Graben ausgehoben.

**Torfbeton**

**Rundholz**

**Armierung**
Das Drahtgeflecht ist ungefähr in der Mitte des 5 cm starken Bodens eingebettet.

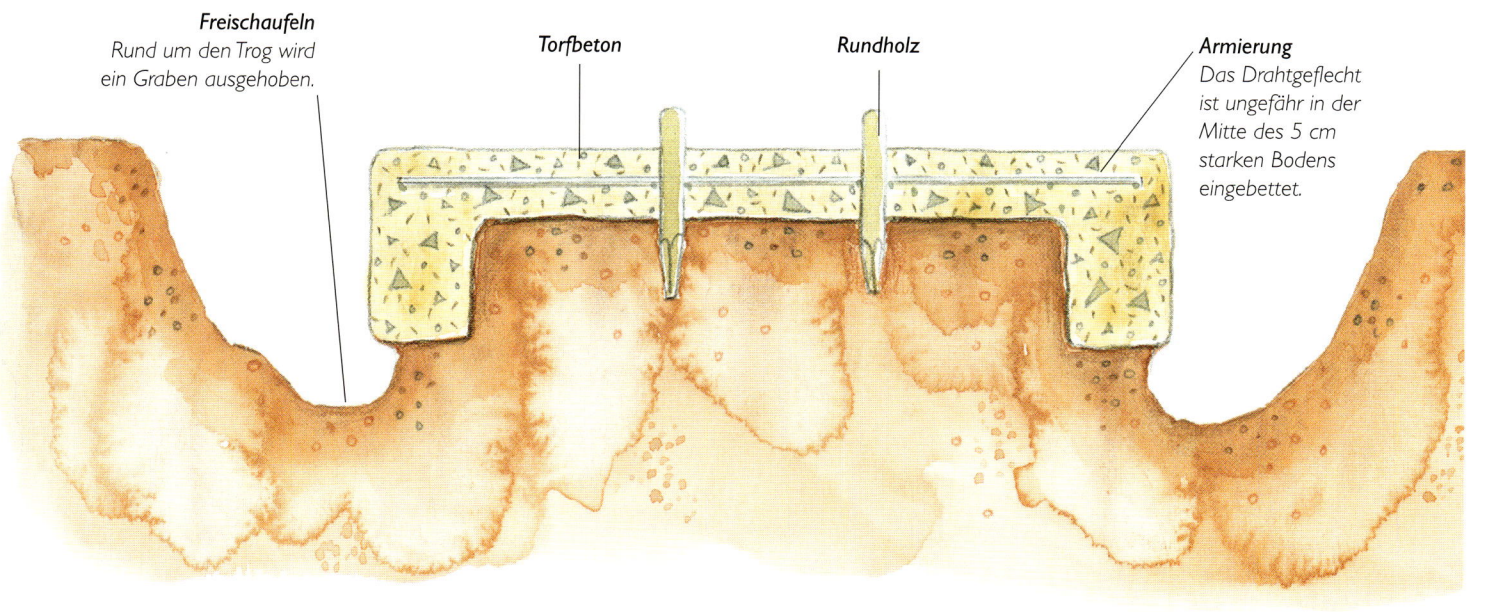

## Schritt für Schritt: **So entsteht der Torfbeton-Trog für Steingartenpflanzen**

**Abstecken**
*Stecken Sie die Umrisse mit Pflöcken und Schnur ab.*

**I** Befreien Sie den Boden von Unkraut und Steinen und glätten Sie die Oberfläche mit dem Spaten. Stecken Sie mit Hilfe von Maßband, Pflöcken und Schnur ein Rechteck von etwa 60 × 40 cm ab.

*Unser Tipp*

Bei der altbewährten Methode, Umrisse mit einer an den Ecken überkreuz geführten Schnur abzustecken, bleibt der Boden an den Eckpunkten frei von störenden Schnureisen, Holzpflöcken o. ä.; diese Markierung kann während des Ausschachtens stehen bleiben.

**Ecken**
*Die Pflöcke sind so gesetzt, dass die sich überkreuzende Schnur die Ecken markiert.*

**Niveau**
*Vor dem Verdichten müssen Sie den Boden nivellieren.*

**Einritzen**
*Markieren Sie die Umrisse mit der Spitze der Kelle.*

**Verdichten**
*Stampfen Sie den Boden so hart wie möglich fest.*

**Tiefe**
*Tragen Sie etwa 5 cm Boden ab.*

**Ausschaufeln**
*Arbeiten Sie mit kurzen Bewegungen — so bleiben die Seiten sauber und gerade.*

**2** Ist die Fläche des Troges auf dem Boden abgesteckt und ist das Niveau des Bodens mit der Wasserwaage überprüft, verdichten Sie das Erdreich entlang der Schnur mit dem Vorschlaghammer, bis es vollkommen hart ist.

**3** Ritzen Sie den Boden mit der Spitzkelle an der Schnur entlang ein. Entfernen Sie Pflöcke und Schnur. Heben Sie auf ganzer Fläche etwa 5 cm Boden aus. Stechen Sie die Kanten dabei möglichst sauber und scharf ab.

**Breite der Rinne**
*Die Rinne muss 7 cm breit sein.*

**Tiefe der Rinne**
*Heben Sie die Rinne bis zu einer Gesamttiefe von 13 cm aus.*

**4** Messen Sie 7 cm von den Seiten nach innen; diesen Randbereich graben Sie noch 8 cm tiefer aus. Sie erhalten eine umgekehrte Trogform mit einer Gesamttiefe von 13 cm. Treiben Sie mit dem Maurerhammer die Rundhölzer in die Bodenmitte. Mischen Sie den Torfbeton an, indem Sie Zement, Sand und Torf mit Wasser zu einer breiigen Konsistenz anrühren.

**Rundhölzer**
*Geben Sie Acht, dass beim Einklopfen der Rundhölzer die Erde nicht rissig wird.*

**Drahtgeflecht**
*Schneiden Sie gegebenenfalls das Drahtgeflecht aus, so dass es über die zwei Rundhölzer passt.*

**Aushärten**
*Wasser unterstützt den Aushärtungsprozess.*

**Einstampfen**
*Füllen Sie die Form bis zum Rand mit Torfbeton und stampfen Sie ihn ein.*

**Löcher**
*Im Boden befinden sich Abzugslöcher.*

**Reinigen**
*Schrubben Sie sämtliche Erdreste mit der Bürste ab.*

**5** Füllen Sie die Form bis 2,5 cm unter Niveau mit Torfbeton und verdichten Sie ihn. Schieben Sie das Drahtgeflecht über die Rundhölzer. Füllen Sie Torfbeton bis auf Bodenniveau nach, verdichten und glätten Sie ihn.

**6** Nach fünf Tagen können Sie den ausgehärteten Trog freilegen. Ziehen Sie die beiden Rundhölzer behutsam heraus und bürsten Sie Erdreste mit Wasser ab. Stellen Sie den fertigen Trog auf das Holzbohlenstück und bepflanzen Sie ihn.

## Inspirationen: Tröge und Pflanzkästen

**Was ihre Vielseitigkeit im Garten anbelangt, sind Tröge und Pflanzkästen nicht zu übertreffen. Zu jeder Jahreszeit lassen sie sich mit attraktiven Blumenarrangements füllen, so dass sich jede Saison von ihrer besten Seite präsentiert. Als dekorative Pflanzgefäße eignen sich die unterschiedlichsten Behälter – von der klassischen Bleizisterne eines Herrenhauses bis hin zu einer Steintränke, einem alten Spülstein oder einem neuen Trog aus Holz oder Kunststein.**

*Oben:* Strohblumen umrahmen in diesem Steintrog Geranien und verschiedene Sämlinge. Der Trog ist ein dezenter Hinweis, dass die Tür nicht benutzt wird. Sämtliche Pflanzen befinden sich noch in Töpfen; so lässt sich die Dekoration jederzeit auswechseln.

*Rechts:* Der schlichte Steintrog bildet einen hübschen Kontrast zum Mauerwerk der Wände und zum großen Keramiktopf. Durch eine ähnliche Bepflanzung bilden die beiden Pflanzgefäße trotz ihrer unterschiedlichen Form und Struktur eine Einheit.

*Rechts oben:* Der uralte Steintrog auf dem Podest ist mit Blaukissen bepflanzt. Der Eigentümer vermutet eine ursprünglich sakrale Verwendung von Sockel und Trog – vielleicht ein Taufstein auf den Überresten eines Kapitells.

# Plattenkreis

Das Schöne an einem Plattenkreis ist, dass er sofort zum Mittelpunkt des Gartens wird. Kinder lieben das Plattenmuster für Hüpfspiele, auf dem festen Untergrund stehen Tische und Stühle endlich ohne zu wackeln, er eignet sich wunderbar als Grillplatz und nicht zuletzt ist er ein dekorativer Blickfang in jedem Garten. Unser Entwurf hat einen Durchmesser von 2,54 m; Sie können ihn aber auch größer anlegen.

**ZEITAUFWAND**

Ein Wochenende (Rasen abheben und Untergrund nivellieren: etwa acht Stunden; Verlegen: acht Stunden)

**SICHERHEIT**

Die Platten sind scharfkantig und zerbrechlich; tragen Sie also Handschuhe und setzen Sie sie vorsichtig ab.

## QUERSCHNITT DURCH EINE HÄLFTE DES PLATTENKREISES

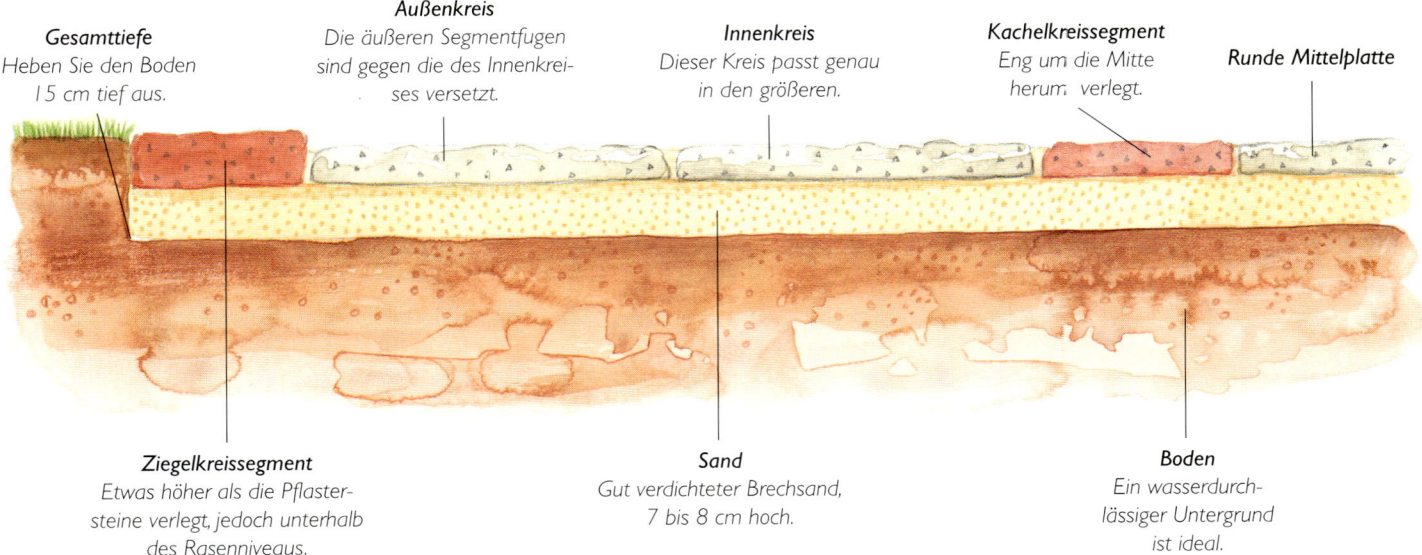

**Gesamttiefe**
Heben Sie den Boden 15 cm tief aus.

**Außenkreis**
Die äußeren Segmentfugen sind gegen die des Innenkreises versetzt.

**Innenkreis**
Dieser Kreis passt genau in den größeren.

**Kachelkreissegment**
Eng um die Mitte herum verlegt.

**Runde Mittelplatte**

**Ziegelkreissegment**
Etwas höher als die Pflastersteine verlegt, jedoch unterhalb des Rasenniveaus.

**Sand**
Gut verdichteter Brechsand, 7 bis 8 cm hoch.

**Boden**
Ein wasserdurchlässiger Untergrund ist ideal.

## WAS SIE BENÖTIGEN

**Material** für einen Kreis von 254 cm Durchmesser
• Runde Platte für die Mitte: 45 cm Durchmesser
• Kachelkreis: vier Kunststein-Kreissegmente mit 23,5 cm Innenradius
• Platten für inneren Kreis: 16 Platten mit 48,5 cm Innenradius
• Platten für äußeren Kreis: 16 Platten mit 67,5 cm Innenradius
• Ziegelkreis: 16 Kunststein-Kreissegmente mit 104 cm Innenradius

• Tragschicht (etwa 10 cm): 850 kg Splitt 0/5 mm
• Fugenfüllung (50 kg): 1 Teil Kalk (10 kg), 4 Teile Sand (40 kg)

**Werkzeug**
• Schubkarre
• Maßband
• Schnur
• Schaufel und Spaten
• Grabegabel
• Harke
• Schwerer Holzfäustel
• Kantholz
• Wasserwaage
• Baubesen

## ZAUBERKREISE

Schlendern Sie durch Ihren Garten, um sich den besten Platz für einen Kreis von etwa 2,5 Meter Durchmesser auszusuchen. Unter einem Baum bietet er ein Schattenplätzchen für Bank und Tisch, als zentraler Blickfang mitten im Garten wäre er ideal für eine Sonnenuhr. Betrachten Sie den Garten im Hinblick auf Sonne und Schatten, Wasserabzug und Beanspruchung, und wägen Sie die Vor- und Nachteile der Möglichkeiten gegeneinander ab.

Sobald Sie eine bestimmte Stelle favorisieren, überprüfen Sie diese im Hinblick auf darunter liegende Rohre oder Kanaldeckel. Haben Sie die Entwässerungspläne, können Sie dort nachschauen; anderenfalls werden Sie sehr vorsichtig graben müssen. Schlagen Sie mit Hilfe der Schnur einen Kreis und versuchen Sie, sich die Wirkung im Garten vorzustellen. Um schließlich ganz sicher zu gehen, legen Sie vor Baubeginn die Platten aus und beobachten Sie zwei oder drei Tage lang das Wechselspiel von Sonne und Schatten. Sind Sie damit zufrieden, so stechen Sie mit dem Spaten rund um den Kreis den Boden ein, legen die Platten zur Seite und machen sich an die Arbeit.

# Plattenkreis

## DRAUFSICHT AUF DEN HALBEN PLATTENKREIS

**Ziegelkreis**
*Der Außenrand liegt geringfügig unter Rasenniveau.*

**Abstände**
*Die Fugen sollten überall gleich groß sein.*

**Niveau**
*Die Kreissegmente, der Kachelkreis und die runde Platte in der Mitte liegen alle auf gleicher Höhe, der äußere Ziegelkreis dagegen etwas höher.*

**Fugenfüllung**
*Ein trockenes Kalk-Sand-Gemisch wird in die Fugen gefegt.*

**Kachelkreissegment**
*23,5 cm Innenradius; die Segmente sind mit gleichmäßiger Fugenstärke verlegt.*

**Kreismitte**
*45 cm Durchmesser; ein fertiges Kreisformat, z.B. ein Mühlstein, ist ebenso geeignet wie hochkant verlegtes Ziegelmaterial.*

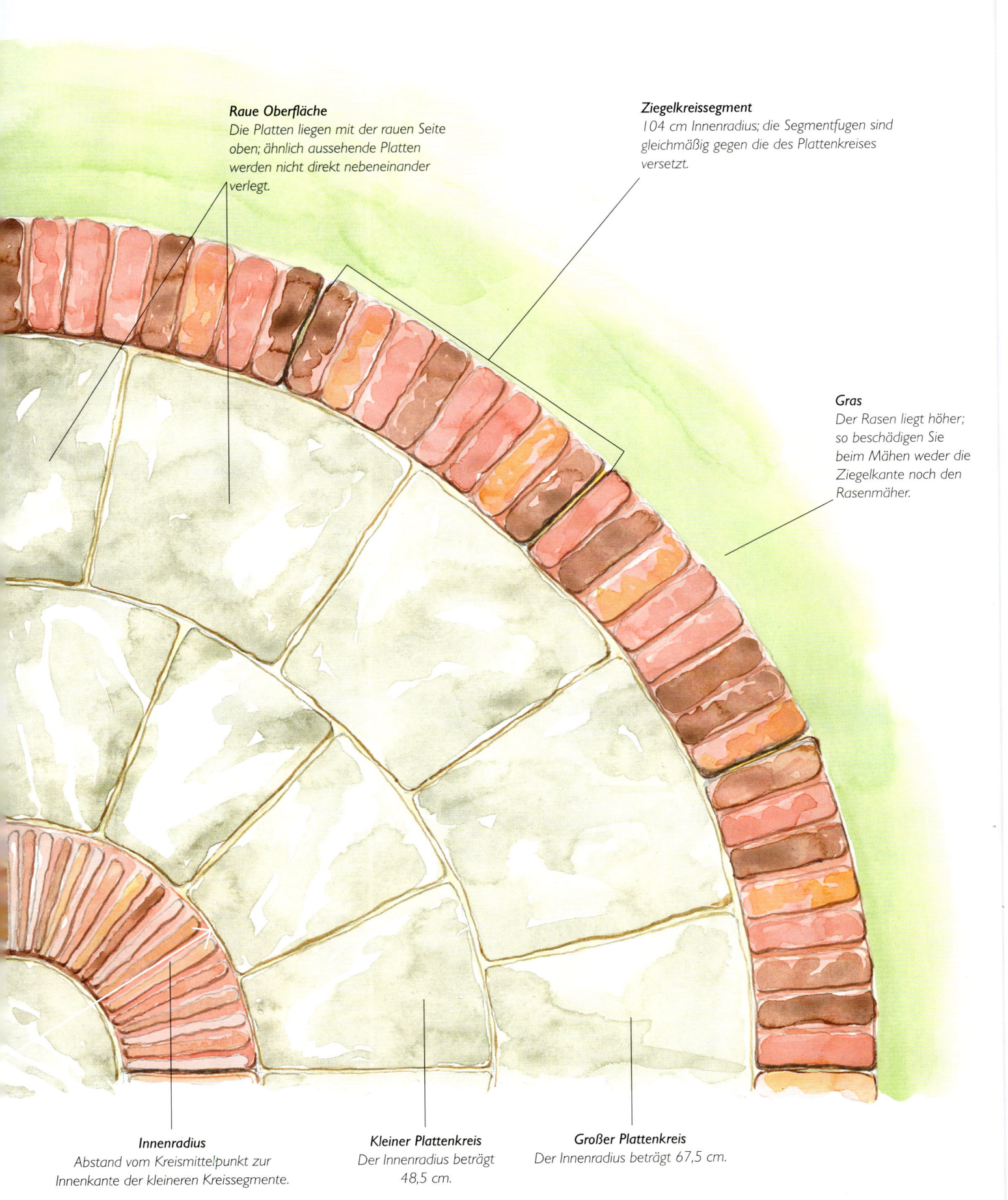

**Raue Oberfläche**
Die Platten liegen mit der rauen Seite oben; ähnlich aussehende Platten werden nicht direkt nebeneinander verlegt.

**Ziegelkreissegment**
104 cm Innenradius; die Segmentfugen sind gleichmäßig gegen die des Plattenkreises versetzt.

**Gras**
Der Rasen liegt höher; so beschädigen Sie beim Mähen weder die Ziegelkante noch den Rasenmäher.

**Innenradius**
Abstand vom Kreismittelpunkt zur Innenkante der kleineren Kreissegmente.

**Kleiner Plattenkreis**
Der Innenradius beträgt 48,5 cm.

**Großer Plattenkreis**
Der Innenradius beträgt 67,5 cm.

## Schritt für Schritt: **So legen Sie den Plattenkreis an**

*Boden*
*Heben Sie die Fläche etwa 15 cm tief aus.*

*Kreismittelpunkt*
*Die Kreisbögen treffen sich in der Mitte.*

*Steine*
*Lesen Sie Schutt und größere Steine aus.*

*Harke*
*Harken Sie den Sand glatt.*

*Verdichten*
*Sie können den Sand etwas festtreten.*

**1** Mit Spaten und Grabegabel befreien Sie die markierte Fläche von der Grasnarbe und heben den Boden etwa 15 cm tief aus. Harken Sie die Oberfläche plan. Bringen Sie eine 7 bis 8 cm dicke Lage Sand oder Splitt auf; verteilen Sie sie gleichmäßig mit der Harke.

**2** Mit der Schnur bestimmen Sie den Kreismittelpunkt. Wickeln Sie ein dem Kreisradius entsprechendes Stück Schnur ab. Stecken Sie die Schnurrolle an zwei oder drei Stellen in die Kreislinie und schlagen Sie jeweils mit der Schnur einen Bogen. Wo sich diese Bögen treffen, ist der Kreismittelpunkt.

*Festklopfen*
*Klopfen Sie nicht direkt auf die Platte, sondern auf das Kantholz.*

**3** Legen Sie die runde Platte in die Mitte und klopfen Sie sie mit Holzfäustel und Kantholz fest. Kontrollieren Sie mit der Wasserwaage und korrigieren Sie, bis die Platte hundertprozentig waagerecht liegt.

*Überprüfen der Horizontalen*
*Kontrollieren Sie mit der Wasserwaage, ob die Platte richtig liegt.*

*Ausgleichen*
*Eventuell müssen Sie unter der Platte mit Sand ausgleichen.*

**Segmente**
*Gehen Sie mit den brüchigen Segmenten sehr vorsichtig um.*

**Ausgleichen**
*Eine abgesenkte Platte muss mit Sand angehoben werden.*

**4** Arbeiten Sie systematisch von innen nach außen (erst den Kachelkreis, dann den inneren Plattenkreis usw.). Verlegen Sie die Platten sorgfältig; kontrollieren Sie deren Lage immer wieder mit der Wasserwaage und gleichen Sie gegebenenfalls mit mehr Sand aus.

### Unser Tipp

Fällt es Ihnen schwer, die Platten gleichmäßig zu legen, und erscheinen Ihnen die Fugen entweder zu breit oder zu eng, dann stecken Sie zur Orientierung kleine Sperrholzstücke (1 bis 1,5 cm dick) als Abstandhalter zwischen die Platten.

**Fugen**
*Fegen Sie so lange, bis die Fugen gleichmäßig verfüllt sind.*

**Versetzte Fugen**
*Versetzen Sie die Plattensegmente mittig zu den Stoßfugen der vorhergehenden Reihe.*

**Baubesen**
*Verteilen Sie den Trockenmörtel mit einem harten Besen.*

**5** Achten Sie darauf, dass Sie die Fugen der Ziegelkreissegmente gegen die des großen Plattenkreises versetzen.

**6** Schaufeln Sie zum Schluss den Trockenmörtel (ein Teil Kalk, vier Teile Sand) auf den Plattenkreis. Verteilen Sie ihn mit dem Baubesen und fegen Sie ihn gleichmäßig in alle Fugen. Besprengen Sie den Kreis mit Wasser.

# Bunter Weg aus Polygonalplatten

Die kontrastierenden Farben und geschwungenen Linien der 50er Jahre standen bei diesem Weg Pate. Er ist für relativ wenig Geld angelegt und belebt jeden Garten mit aktuellem Retro-Look. Die Farbzusammenstellung können Sie ganz nach Belieben wählen.

## WAS SIE BENÖTIGEN

**Material** für einen 103 cm breiten Weg von 4,5 m Länge

• Randsteineinfassung aus Yorkstein-Imitat: 20 Randsteine à 45 × 15 × 6,5 cm
• Polygonalplatten aus Beton: etwa 5 m²
• Beton B 15: 1 Teil (80 kg) Zement, 2 Teile (160 kg) Brechsand, 4 Teile (320 kg) Zuschlag, 40 Liter (4 Eimer) Wasser
• Kies: 700 kg Kies mittlerer Körnung
• 5 cm Sand- oder Splittbett: 400 kg
• Für den Trockenmörtel zum Verfugen: 2 Teile (10 kg) Kalk, 1 Teil (5 kg) Zement
• 8 Teile (40 kg) Sand oder Splitt (von den 400 kg abnehmen)

**Werkzeug**
• Holzpflöcke und Schnur
• Schubkarre
• Spaten
• Maurerkelle
• Maurerhammer
• Schaufel
• Harke
• Wasserwaage
• Planke: etwa 90 × 30 × 3 cm
• Vorschlaghammer
• Baubesen
• 10-Liter-Eimer

## STARKE FARBEN

Das Schöne an Polygonalplatten ist, dass man damit seinen Weg so breit und kurvig anlegen kann, wie es einem gefällt, da man nicht an eine bestimmte Plattengröße gebunden ist. Wenn Sie Wege mögen, die sich um Beete und Rabatten winden, dann sind diese scherbenartigen Bruchplatten eine gute Lösung. Und obendrein kosten die zerbrochenen Betonplatten nicht viel – Sie bekommen also viel Weg für wenig Geld.

Bedenken Sie, wie ein Weg das Erscheinungsbild Ihres Garten bereichern könnte. Besuchen Sie Hersteller und Baustoffhändler und schauen Sie die handelsüblichen Materialien an. Es gibt durchgefärbte Platten, die auf einer Seite glatt und auf der anderen stark strukturiert sind, und einseitig farbige Platten ohne Struktur. Haben Sie eine Auswahl zusammengestellt, probieren Sie mit den Bruchstücken hin und her, um ein ausgewogenes Bild zu erzielen. Planen Sie den Wegverlauf und stecken Sie ihn mit Pflöcken und Schnur ab. Heben Sie diesen Bereich einen Meter breit und 15 cm tief aus. Graben Sie entlang der Seiten eine 25 cm breite Furche mit einer Gesamttiefe von 25 cm.

## QUERSCHNITT DURCH DEN WEG

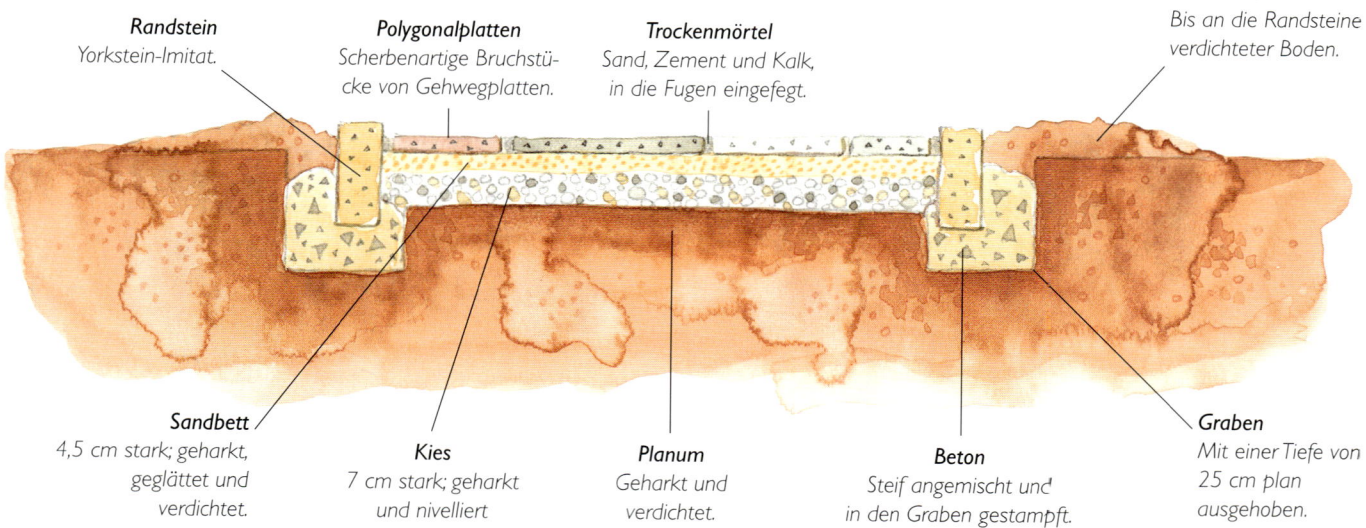

**Randstein**
Yorkstein-Imitat.

**Polygonalplatten**
Scherbenartige Bruchstücke von Gehwegplatten.

**Trockenmörtel**
Sand, Zement und Kalk, in die Fugen eingefegt.

**Bodenniveau**
Bis an die Randsteine verdichteter Boden.

**Sandbett**
4,5 cm stark; geharkt, geglättet und verdichtet.

**Kies**
7 cm stark; geharkt und nivelliert

**Planum**
Geharkt und verdichtet.

**Beton**
Steif angemischt und in den Graben gestampft.

**Graben**
Mit einer Tiefe von 25 cm plan ausgehoben.

# Bunter Weg aus Polygonalplatten

DRAUFSICHT AUF DEN WEG

*Enge Kurve*
Mit Randstein-Abschnitten lässt sich eine enge Kurve legen.

*Trockenmörtel*
Sand, Zement und Kalk, in die Fugen gefegt und angefeuchtet.

*Polygonalplatten*
Farblich gut gemischt.

*Randstein*
Yorkstein-Imitat, 45 × 15 × 6,5 cm.

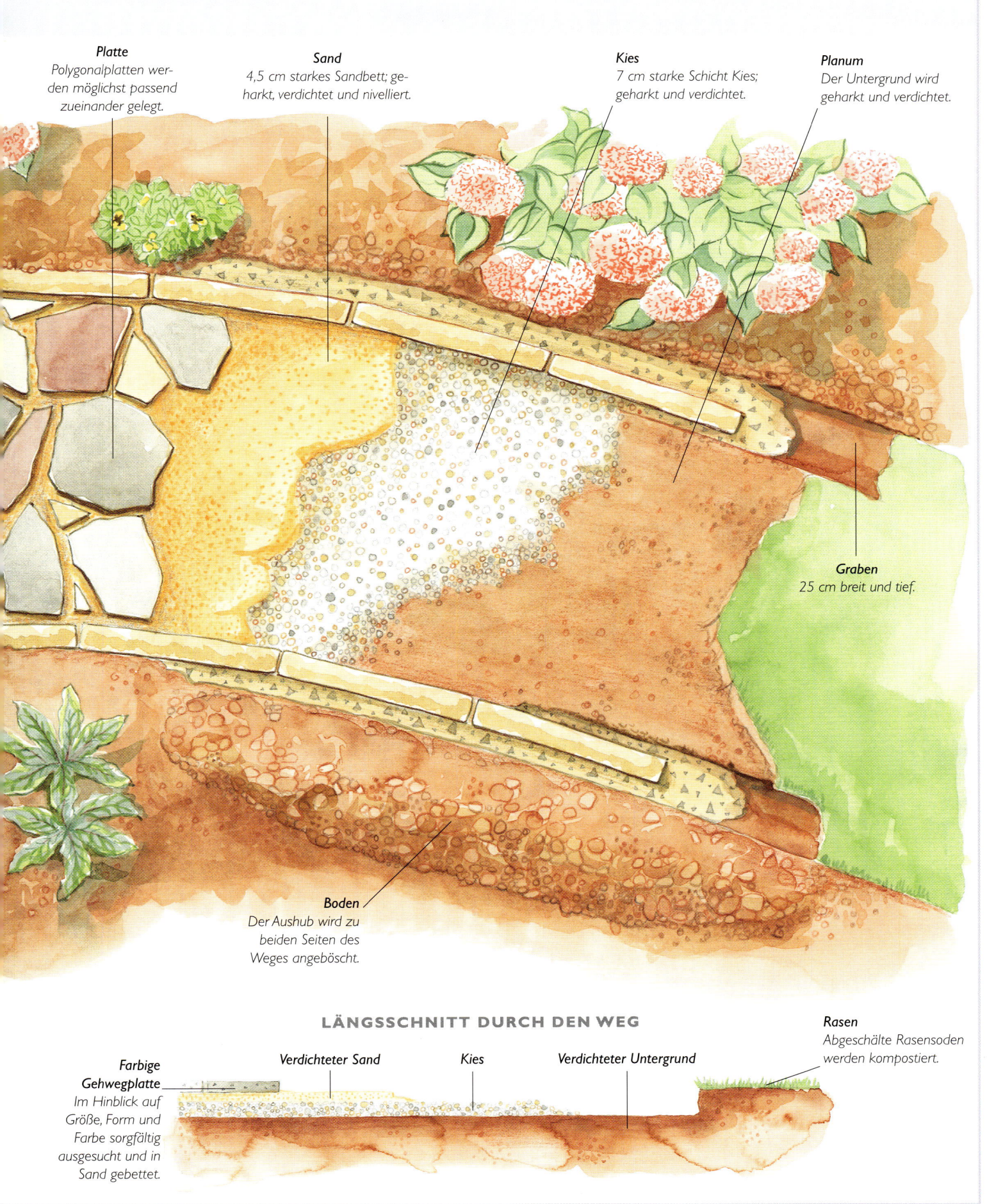

**Platte**
Polygonalplatten werden möglichst passend zueinander gelegt.

**Sand**
4,5 cm starkes Sandbett; geharkt, verdichtet und nivelliert.

**Kies**
7 cm starke Schicht Kies; geharkt und verdichtet.

**Planum**
Der Untergrund wird geharkt und verdichtet.

**Graben**
25 cm breit und tief.

**Boden**
Der Aushub wird zu beiden Seiten des Weges angeböscht.

### LÄNGSSCHNITT DURCH DEN WEG

**Farbige Gehwegplatte**
Im Hinblick auf Größe, Form und Farbe sorgfältig ausgesucht und in Sand gebettet.

**Verdichteter Sand**

**Kies**

**Verdichteter Untergrund**

**Rasen**
Abgeschälte Rasensoden werden kompostiert.

# Schritt für Schritt: **So legen Sie den bunten Weg aus Polygonalplatten an**

**Beton**
*Formen Sie außen einen Betonkeil und stampfen Sie ihn fest.*

**Harke**
*Verteilen Sie den Kies mit der Harke auf 7 cm Stärke.*

**Vertiefung**
*Füllen Sie die Randvertiefung mit Kies auf.*

**Verdichten**
*Treten Sie den Kies mit den Füßen fest.*

**Ausgleichen**
*Rücken Sie die Randsteine mit dem Kellenstiel in Position.*

**1** Füllen Sie die Seitengräben bis zur Unterseite der Wegfläche mit Beton. Setzen Sie sorgfältig die Kunststeine als Randbegrenzung hinein. Klopfen Sie die Steine mit Kellenstiel und Maurerhammer so in den Beton, dass sie noch zu drei Vierteln über den Wegboden stehen.

**2** Schaufeln Sie den Kies auf das verdichtete Planum und verteilen Sie ihn mit der Harke zu einer 7 cm dicken Schicht. Schieben Sie Kies in die Rinne entlang der Randsteine und gleichen Sie seine Höhe insgesamt dem Bodenverlauf an. Kontrollieren Sie mit der Wasserwaage, ob die Oberfläche gerade ist, und gleichen Sie nötigenfalls durch Harken aus.

**Höhe des Sandbetts**
*Die Randsteine sollten den Sand um 3,5 cm überragen.*

**3** Bringen Sie auf den Kies ein etwa 4,5 cm tiefes Sandbett auf. Harken Sie den Sand glatt und verdichten Sie ihn, bis der Randstein ihn um etwa 3,5 cm überragt. Kontrollieren Sie alles mit der Wasserwaage.

**Sandbett**
*Bringen Sie den Sand etwa 4,5 cm dick auf.*

### Unser Tipp

Verwenden Sie grundsätzlich den im Baustoffhandel angebotenen Sand und Kies; er wird gründlich gewaschen und ist daher frei von Lehm und Salzen. Salzhaltiger Sand darf nicht zum Anmischen von Beton oder Mörtel benutzt werden, da er diesen zerstört.

**Abstand**
*Lassen Sie zwischen den Platten 2,5 cm Abstand.*

**4** Setzen Sie die Bruchstücke mit etwa 2,5 cm breiten Fugen in den Sand. Versuchen Sie, die Steine so zu kombinieren, dass dabei eine gute Farbmischung entsteht.

**Platten setzen**
*Setzen Sie die Platten in das Sandbett.*

**Farben**
*Versuchen Sie, die verschiedenfarbigen Platten gleichmäßig zu verteilen.*

**Planke**
*Stellen Sie sich auf das Brett, um die Steine zu stabilisieren.*

**Nivellieren**
*Verwenden Sie den Kopf des Vorschlaghammers als Stampfer: gleichen Sie mit ihm Unebenheiten aus und betten Sie die Platten fest ein.*

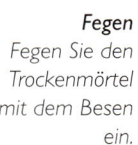

**Fegen**
*Fegen Sie den Trockenmörtel mit dem Besen ein.*

**Trockenmörtel**
*Vermischen Sie Zement, Sand und Kalk sehr gründlich.*

**5** Legen Sie die Planke auf den Weg und pressen Sie die Steine mit Ihrem Körpergewicht und durch kräftige Stöße mit dem Vorschlaghammer fest in den Sand.

**6** Mischen Sie einen Trockenmörtel aus acht Teilen Sand, einem Teil Zement und zwei Teilen Kalk an und fegen Sie ihn mit dem Baubesen in alle Fugen ein. Feuchten Sie den Weg an und lassen Sie ihn 24 Stunden ruhen.

# Japanischer Zen-Garten

Wie lässt sich eine meditative Ruhezone besser schaffen als mit einem traditionellen japanischen Zen-Garten? Dieses Konzept von schlichter Schönheit vereint unterschiedliche Grundelemente – eine traditionelle japanische Steinlampe, natürliche Felsen und Kies – zu einem sorgfältig arrangierten dreidimensionalen Bild.

**ZEITAUFWAND**

Zwei Wochenenden (Rahmenbau und Nivellieren: etwa acht Stunden; Lampe: sechzehn Stunden; Fertigstellen: acht Stunden)

**SICHERHEIT**

Für die Lampe müssen Sie mehrere wuchtige Steinblöcke bewegen; benutzen Sie also eine Sackkarre und holen Sie Hilfe.

## WAS SIE BENÖTIGEN

**Material** für einen Steingarten von 2,4 m Seitenlänge:

• Holzbalken: vier imprägnierte Balken à 240 × 10 × 10 cm
• Holzzapfen: vier Holzstücke, etwa 2,5 cm im Quadrat, 15 cm lang
• 5 cm Kiesschicht: 350 kg gewaschener Kies 8/16 mm
• Felsen: drei große Kalksteinfindlinge
• Sandsteinplatten: 4 oder 5 größere Platten
• Mörtel: 1 Teil (5 kg) Zement, 2 Teile (10 kg) Kalk, 8 Teile (40 kg) feinen Sand
• Kalksplittschicht: 150 kg gewaschener Kalksplitt 2/8 mm

Für die Steinlampe (alles aus verwittertem und geschnittenem Kalkstein):

• Sockel: Quader von etwa 38 × 38 × 14 cm
• Pfeiler: Quader von etwa 70 × 30 × 13 cm
• Lampenbasis: Quader von etwa 30 × 30 × 11 cm
• Säulen: Steinplatte von etwa 24 × 18 × 5 cm zum Sägen der Steinwürfel
• Dach: Steinplatte von etwa 30 × 30 × 5 cm

• Abdeckplatte: Steinplatte von etwa 15 × 15 × 5 cm
• Abschlussstein: Flusskiesel, etwa 10 cm Durchmesser

**Werkzeug**

• Maßband, Anschlagwinkel, Kreide
• Feinsäge
• Holzhammer und 25-mm-Stecheisen
• Elektrobohrer mit 25-mm-Holzbohrer
• 10-Liter-Eimer
• Schaufel
• Harke
• Grabegabel
• Schub- und Sackkarre
• Spitzkelle
• Wasserwaage
• Winkelschleifer mit Steinblatt

## EINE WELT AUS STEIN

Stellen Sie sich die Elemente eines japanischen Zen-Gartens als Sinnbild unserer physischen und spirituellen Welt vor – Felsen verkörpern Berge oder Inseln, geharkte Kiesflächen Meere, Seen oder Flüsse, große Steine sind Wächter und Steinlampen weisen uns den Weg. Die Zen-Philosophie will mit den Symbolen aus Stein ein dreidimensionales Abbild unserer Welt erschaffen. Auch bei unserem japanischem Zen-Garten haben wir uns dieser Symbolik bedient.

Die Steinlampe besteht aus sorgsam ausgewähltem, verwittertem Stein. Die vier kleinen Säulen, die das Dach tragen, sind aus kleinen Steinwürfeln aufgeschichtet. Sie werden hergestellt, indem man eine Kalksteinplatte mit dem Winkelschleifer auf beiden Seiten anschneidet und dann bricht. Daraus ergibt sich eine interessante, teils gesägte und teils gebrochene Oberfläche. Das Geheimnis einer eindrucksvollen Lampe liegt in der Wahl von ausdrucksstarkem Stein – die schönsten Exemplare finden Sie bei Natursteinhändlern mit gebrauchten Materialien. Nehmen Sie sich Zeit für die Auswahl.

### QUERSCHNITT DURCH DEN JAPANISCHEN ZEN-GARTEN

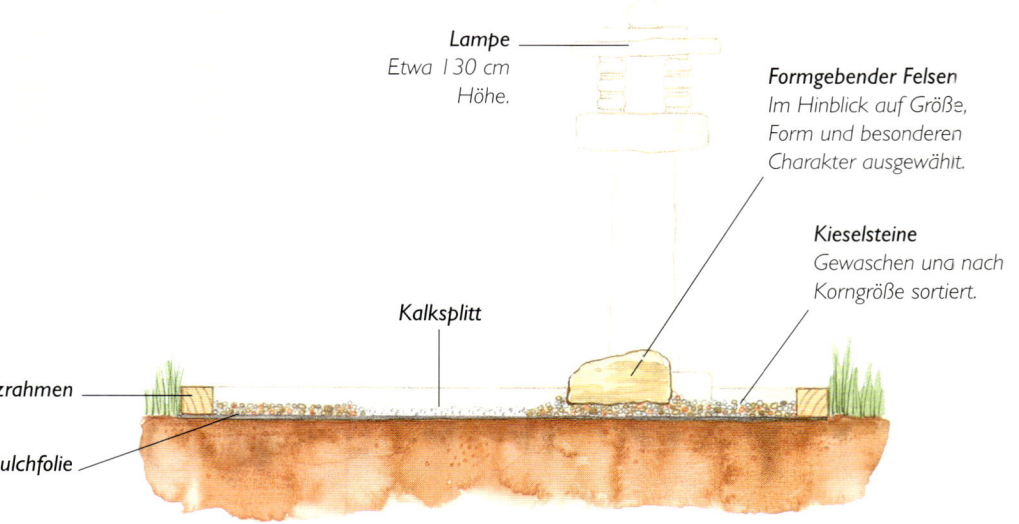

Lampe
Etwa 130 cm Höhe.

Formgebender Felsen
Im Hinblick auf Größe, Form und besonderen Charakter ausgewählt.

Kieselsteine
Gewaschen und nach Korngröße sortiert.

Kalksplitt

Holzrahmen

Mulchfolie

# Japanischer Zen-Garten

## SEITENANSICHT DER LAMPE

**Abschlussstein**
Ein attraktiver Kieselstein.

**Mörtelbett**
Dick aufgetragen und modelliert.

**Dachplatte**
Mit der schöneren Seite zuoberst aufgesetzt.

**Abdeckplatte**
In Mörtel gebettet.

**Säule**
6 × 6 × 5 cm; aus drei Steinwürfeln gemauert.

**Detail**
Die Bearbeitungsspuren bleiben sichtbar.

**Lampenbasis**
30 × 30 × 11 cm: Wählen Sie einen Stein mit ebener Ober- und Unterseite.

**Pfeiler**
70 × 30 × 13 cm; nach Farbe und Individualität ausgewählt.

**Sockel**
38 × 38 × 14 cm; waagerecht mit glatter Seite nach oben platziert.

## DRAUFSICHT AUF DIE LAMPE

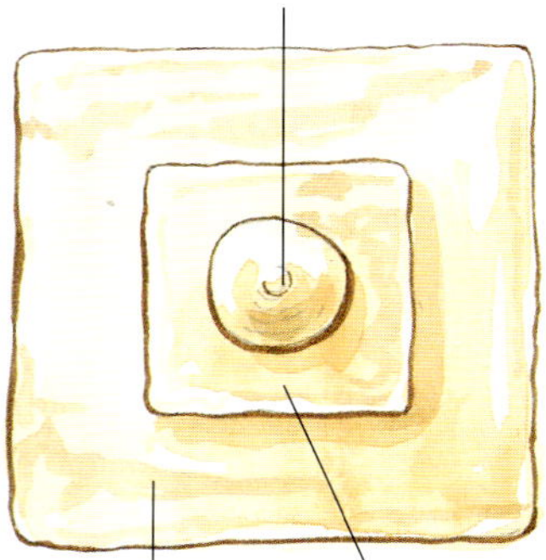

**Kieselstein**
10 cm im Durchmesser.

**Dachplatte**
30 × 30 × 5 cm; mit verwitterter Oberfläche.

**Abdeckplatte**
15 × 15 × 5 cm; liegt zentriert auf der Dachplatte auf.

## ECKVERBINDUNG DES HOLZRAHMENS IM DETAIL

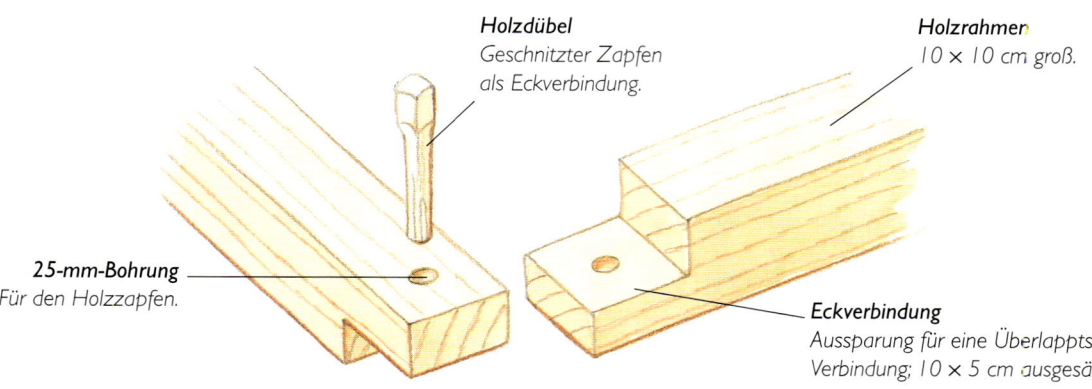

**Holzdübel**
Geschnitzter Zapfen als Eckverbindung.

**Holzrahmen**
10 × 10 cm groß.

**25-mm-Bohrung**
Für den Holzzapfen.

**Eckverbindung**
Aussparung für eine Überlapptstoß-Verbindung; 10 × 5 cm ausgesägt.

## DRAUFSICHT AUF DEN GARTEN

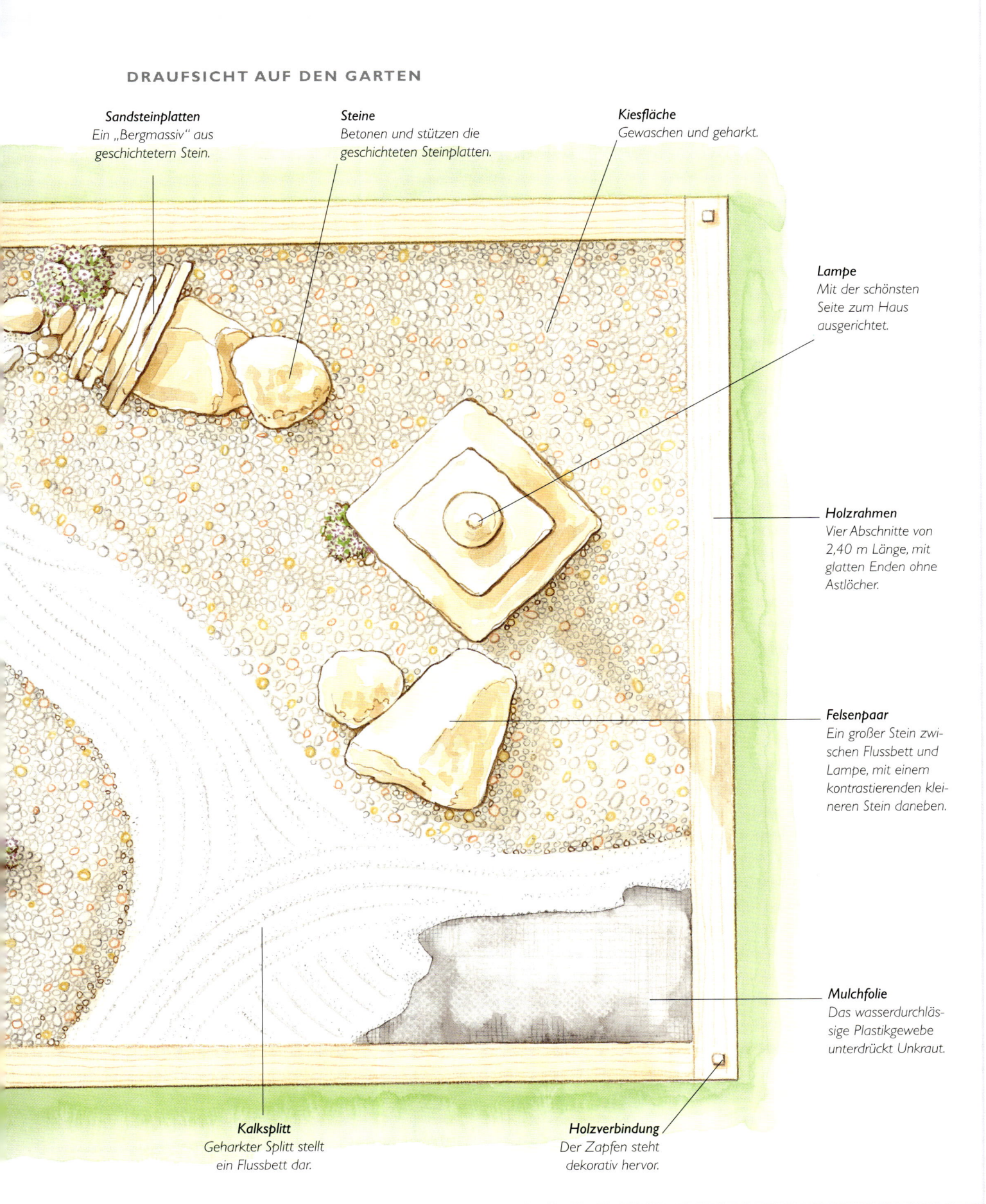

**Sandsteinplatten**
Ein „Bergmassiv" aus geschichtetem Stein.

**Steine**
Betonen und stützen die geschichteten Steinplatten.

**Kiesfläche**
Gewaschen und geharkt.

**Lampe**
Mit der schönsten Seite zum Haus ausgerichtet.

**Holzrahmen**
Vier Abschnitte von 2,40 m Länge, mit glatten Enden ohne Astlöcher.

**Felsenpaar**
Ein großer Stein zwischen Flussbett und Lampe, mit einem kontrastierenden kleineren Stein daneben.

**Mulchfolie**
Das wasserdurchlässige Plastikgewebe unterdrückt Unkraut.

**Kalksplitt**
Geharkter Splitt stellt ein Flussbett dar.

**Holzverbindung**
Der Zapfen steht dekorativ hervor.

## Schritt für Schritt: **So legen Sie den japanischen Zen-Garten an**

*Kies*
Der Kies muss unbedingt gewaschen und frei von Salzen sein.

**I** Für den Holzrahmen machen Sie mit Hilfe von Maßband, Anschlagwinkel und Kreide die notwendigen Markierungen. Klinken Sie das Holz mit Feinsäge, Holzhammer und Stecheisen aus und bohren Sie die Löcher wie angegeben. Schnitzen Sie die Holzzapfen aus Holzabfällen und verbinden Sie damit die Rahmenteile. Decken Sie mit der zurechtgeschnittenen Mulchfolie die Bodenfläche ab und legen Sie den Rahmen darüber. Verteilen Sie den Kies auf der Folie.

*Schaufel*
Verteilen Sie den Kies mit der Schaufel.

*Stein*
Aus den Steinen bauen Sie ein Miniatur-Gebirge.

*Grabegabel*
Mit der Gabel lässt sich der Splitt am besten harken.

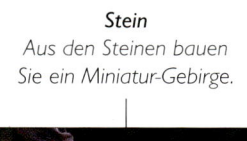

*Fluss*
Im Kies bleibt eine Rinne für das Flussbett frei.

*Kalksplitt*
Dieses Material ist beim Baustoffhandel erhältlich.

*Wellen*
Die Gabelzinken lassen ein Wellenmuster entstehen.

**2** Nun setzen Sie den ersten symbolträchtigen Blickfang. Harken Sie den Kies zu kleinen Hügeln auf; aus den Felsen und Sandsteinplatten lassen Sie ein Gebirge und Bergrücken entstehen.

**3** Einen Fluss können Sie mit Hilfe von Kalksplitt darstellen. Verteilen Sie dazu den Kalksplitt dick auf die Kiesfläche entsprechend des vorgesehenen Wasserverlaufes. Ziehen Sie anschließend mit den Gabelzinken ein Wellenmuster in den Splitt.

**Pfeiler**
*Kontrollieren Sie, ob der Pfeiler lotrecht steht.*

**4** Platzieren Sie den Sockel für die Laterne. Tragen Sie Mörtel auf die Unterseite des Pfeilersteins auf und stellen Sie ihn aufrecht. Kontrollieren Sie seine lotrechte Ausrichtung mit der Wasserwaage und lassen Sie den Mörtel abbinden. Oben auf den Pfeiler streichen Sie Mörtel und setzen die Lampenbasis darauf.

### Unser Tipp

Wenn Sie einen roh behauenen Stein mit der Wasserwaage kontrollieren, müssen Sie nach einem guten Mittelmaß suchen – legen Sie dazu die Waage an alle Seiten an und wägen Sie ab.

**Keil**
*Eventuell müssen Sie unter dem Pfeiler mit Steinkeilen ausgleichen.*

**Säule**
*Klopfen Sie die Steinwürfel gerade.*

**Abdeckplatte**
*Setzen Sie die abschließende Platte vorsichtig auf.*

**Mörtel**
*Streichen Sie die Steinwürfel mit Mörtel ein.*

**Mörtel**
*Bestreichen Sie die Dachplatte mit Mörtel.*

**Dachplatte**
*Die Platte muss auf allen Säulen gut aufliegen.*

**5** Markieren Sie die Schnitte für die Steinwürfel und schneiden Sie sie mit dem Winkelschleifer. Streichen Sie Mörtel auf und setzen Sie die kleinen Säulen zusammen. Mit dem Kellengriff gleichen Sie die Höhe aus.

**6** Verteilen Sie Mörtel auf die Oberseite der vier Säulen. Setzen Sie die Dachplatte auf, verteilen Sie darauf Mörtel und betten Sie die Abdeckplatte darin. Setzen Sie den großen Kiesel als Schlussstein auf und fixieren Sie ihn mit Mörtel.

# Trockenmauer aus Bruchsteinen

Kreuz und quer durch das englische Hügelland ziehen sich Bruchsteinmauern; seit alters her dienen sie als Weidezaun und als Grenzmarkierung. Die Technik wurde über Jahrtausende verfeinert. Weder Zement noch Mörtel sind hierfür nötig – Stein auf Stein entsteht ein ansehnliches Bauwerk, das der Witterung bestens standhält.

## ZEITAUFWAND

Ein Wochenende (zwei Tage für eine etwa 480 cm lange und 80 cm hohe Mauer)

## DER PROFITIPP

Da die Lieferkosten recht hoch sind, lohnt es sich, den Materialbedarf großzügig zu kalkulieren. Ihr Lieferant hilft Ihnen bei der Mengenberechnung, um zusätzliche Transporte zu vermeiden.

## WAS SIE BENÖTIGEN

**Material** für eine 480 cm lange und 80 cm hohe Mauer
- Dünne Steinplatten (Sand- oder Kalkstein): 2,5 Tonnen
- Für die 20 cm starke Tragschicht: 1 Tonne Bruchstein oder Bauschutt 0/32 mm
- Schlussstein: attraktiver, schwerer Findling von etwa 30 × 20 × 20 cm
- Sand als Ausgleichsschicht (je nach Bedarf)

**Werkzeug**
- Schubkarre
- Schaufel und Spaten
- Maßband
- Richtschnur
- Fäustel
- Breiteisen
- Teppichrest
- Maurerkelle
- Wasserwaage
- Harke

## PERFEKT IN STEIN GESETZT

Diese Mauer hat über drei Viertel ihrer Länge eine Höhe von etwa 80 cm und sinkt dann mit sanftem Schwung bis auf Bodenniveau ab. Betrachten Sie Ihr Grundstück und überlegen Sie, wie lang Sie Ihre Mauer bauen wollen. Rechnen Sie pro zwei Meter Mauer etwa eine Tonne Stein und etwa 400 Kilogramm Bauschutt; nehmen Sie sicherheitshalber noch 10 Prozent mehr. Wählen Sie gespaltenen Stein von etwa 3 bis 10 cm Stärke mit ebener Ober- und Unterseite und einer halbwegs geraden Sichtkante. Suchen Sie festen Stein aus, der nicht bei der ersten Berührung zerschiefert oder bröselt. Für die Rollschicht nehmen Sie schroffere Steine mit Charakter, etwa verwitterte Stücke, vielleicht sogar eher Findlinge als Platten. Bei der Schotterpackung für den Unterbau haben wir Bauschutt verwendet, doch Sie können auch Ziegelschutt, eine Kies-Ton-Mischung, zerkleinerten Beton oder anderes einbauen.

## QUERSCHNITT DURCH DIE TROCKENMAUER

**Mauerkrone**
*Eine Abschlussreihe hochkant gestellter Steine als Rollschicht.*

**Pflanzen**
*Pflanzen festigen die Mauerkrone.*

**Stein**
*Gespaltener Sand- oder Kalkstein oder gebrochene Wegeplatten.*

**Erdreich**
*Die Mauer hält die Erde zurück.*

**Binderstein**
*In Abständen eingebaute lange Steine verbinden die Mauer mit dem Erdreich und sorgen für erhöhte Stabilität.*

**Steinkeile**
*Flache Steine richten die Mauersteine aus.*

**Erde**
*An der Mauerbasis verdichtet.*

**Tragschicht**
*Verdichteter Bauschutt.*

# Trockenmauer aus Bruchsteinen

**DRAUFSICHT AUF DIE MAUER**

*Schlussstein*
Dieser große Stein bewahrt die Roll-schicht vor dem Umkippen.

*Großer Binderstein*
Reicht bis ins aufgeböschte Erd-reich; stabilisiert und stützt.

*Pflanzlücken*
Winterharte Polster-pflanzen werden in die Mauerritzen gesetzt.

*Rollschicht*
Auf der abgetreppten Seite bildet die Rollschicht einen gleich-mäßigen Abschluss.

*Gespaltener Stein*
Schräg gesetzte Steine folgen der Mauer-rundung.

*Verdichteter Boden*
Mit dem Hammer wird Erde zwischen die Rollschicht gedrückt.

*Abgestufte Lagen*
Die Rollschicht steht sicher auf den ebenen Stufen.

*Schlussstein*
30 × 20 × 20 cm; sicher eingebetteter schwerer Stein als Mauerstütze.

*Verdichteter Boden*
Die Mauerfugen sind mit Erde ausgefüllt.

**SEITENANSICHT DER MAUER**

**Kleine Steine**
*Mit kleinen Steinen
werden die größeren
fest verkeilt.*

**Rollschicht**
*30 cm hoch; die schönste
Seite der Steine zeigt
nach vorn.*

**Dünne Scheiben und
Bruchstücke**
*Sie sorgen für eine
waagerechte Aus-
richtung der Steine.*

**Lückenfüller**
*Ein langer dünner
Stein wird tief in die
Lücke getrieben.*

**Pflanzlücke**
*Wurzeln von Polster-
pflanzen stabilisieren
die Mauer.*

**Dünne Lage**
*Dünnere Steine
lockern die Struktur
der einzelnen Mauer-
lagen auf.*

## Schritt für Schritt: **So bauen Sie die Trockenmauer aus Bruchsteinen**

*Erdkante*
Tragen Sie das Erdreich schräg ab, damit es nicht in den Graben rutscht.

*Fäustel*
Verwenden Sie einen mittelschweren Fäustel.

*Schotter*
Verdichten Sie den Bauschutt mit dem Fäustel zu einer festen Packlage. Gleichen Sie die Oberfläche mit Erde aus.

*Schutz*
Feste Handschuhe schützen Ihre Hände.

*Teppich*
Legen Sie Teppich unter den Stein.

**1** Legen Sie an der ausgewählten Stelle den Untergrund frei. Stecken Sie mit Schnur und Maßband einen Graben von etwa 30 cm Breite ab und heben Sie ihn 20 cm tief aus; füllen Sie ihn mit verdichtetem Bauschutt. Gleichen Sie die Tragschicht mit Sand aus.

**2** Mit Fäustel und Breiteisen teilen Sie Ihren Steinvorrat in brauchbare Stücke. Legen Sie den Stein auf den Teppichrest, setzen Sie das Eisen gerade auf und schlagen Sie einmal kräftig zu.

*Positionieren*
Mit dem Holzstiel richten Sie die Steine aus.

*Böschung*
Hinterfüllen Sie jeden Stein mit verdichteter Erde.

**3** Legen Sie die erste Lage Steine auf die begradigte Schottertragschicht und kratzen Sie mit der Maurerkelle Erde von der Böschung, um die Steine von hinten zu unterfüttern. Auch die folgenden Lagen stützen Sie entsprechend mit Erde ab. Mit dem Fäustel verdichten Sie die Erde und klopfen die einzelnen Steine fest. Sparen Sie ab und zu eine faustgroße Pflanzlücke aus.

*Lage*
*Verlegen Sie die Steine möglichst waagerecht.*

*Binderstein*
*Der Stein ragt in die Böschung und wird vom Erdreich gesichert.*

**4** Bauen Sie in die Lagen ausgewählte Bindersteine versetzt ein – etwa einen pro Meter –, die bis in den dahinter liegenden Boden reichen. Stampfen Sie ringsum die Erde fest. Kontrollieren Sie mit der Wasserwaage.

### Unser Tipp

Wählen Sie die langen Bindersteine besonders sorgfältig aus. Nehmen Sie Steine, deren hinteres Ende etwas breiter und dicker ist, so dass ihr Hauptgewicht in der Böschung ruht. So erhalten Sie Mauerneigung, die die Stabilität der Mauer erhöht.

*Verkeilen*
*Mit dünnen Steinen verkeilen Sie die hochkant gestellten Steine.*

*Splitter*
*Nachträglich eingetriebene dünne Steine gleichen die Steinlagen aus.*

*Steine für die Mauerkrone*
*Wählen Sie für die Rollschicht individuelle Steine aus.*

*Lücke*
*Größere Lücken zwischen den Steinen kann man mit Rasensoden oder Posterstauden füllen.*

*Fluchten*
*Schauen Sie von oben an der Mauer herunter, um den Anlauf zu kontrollieren und hervorstehende Steine zu finden.*

**5** Zum Aufschichten der Steine harken Sie etwas feuchte Erde über die oberste Steinlage. Drücken Sie senkrecht gestellte Steine als Rollschicht hinein. Kratzen Sie Erde dazwischen und klopfen Sie sie fest.

**6** Fluchten Sie an der fertigen Mauer entlang und klopfen Sie hervortretende Steine etwas zurück. Überprüfen Sie den Anlauf: die Mauer sollte sich vom Mauerfuß aus um etwa 10 % (hier also rund 8 cm) nach hinten neigen.

## Inspirationen: Trockenmauerwerk

**Im Gegensatz zu Zäunen aus Holz und Draht, die einschüchternd oder aufdringlich wirken können, oder Hecken, die gepflegt sein wollen, verschmelzen Trockenmauern mit der Landschaft und erfordern nur minimale Instandhaltung. Eine sorgfältig errichtete Trockenmauer kann zugleich schützen, fernhalten, eindämmen, Stabilität vermitteln oder einfach den Blick von einem Gartenteil zum nächsten leiten. Trocken aufgeschichtete Mauern und Skulpturen aus Bruchsteinen symbolisieren darüber hinaus Unvergänglichkeit.**

*Oben:* Ein neuer Weg aus Schieferpflaster. Hochkant gesetzter Schiefer ist in Cornwall, England, häufig anzutreffen; man findet solches Pflaster bei Häusern und Kirchen sowie in alten Häfen.

*Oben:* Ausschnitt aus einer schönen alten Trockenmauer aus heimischem Feldstein in North Devon, England. Zimbelkraut (*Cymbalaria muralis*) hat die Ritzen und Winkel besiedelt. Die Mauer zeugt von überragender Handwerkskunst; Oberfläche und Farbe der Steine harmonieren perfekt mit der Umgebung.

*Links:* Diese ungewöhnliche Skulptur entstand ebenfalls in Trockenmauertechnik. Das dekorative Exemplar hat eine Höhe von etwa zwei Metern; jeder einzelne Stein reicht nach innen bis zur Mittelsenkrechten.

# Freitragendes Steinsims

**Wenn Sie ein Bauwerk suchen, das lediglich aus einer massiven Steinplatte besteht, und Sie in Ihrem Garten über eine stabile Mauer verfügen, dann ist eine solche freitragende Bank eine großartige Idee – sie scheint regelrecht in der Luft zu schweben!**

## ZEITAUFWAND

Ein Wochenende (Montage der Träger: acht Stunden; Formen der Kupfermanschetten und Aufsetzen des Steins: acht Stunden)

## SICHERHEIT

Die Arbeit mit Zweikomponenten-Dübeln ist nicht ganz ungefährlich; halten Sie sich genau an die Anweisungen des Herstellers.

## WAS SIE BENÖTIGEN

**Material** für ein Steinsims von 130 bis 200 cm Länge und 40 cm Tiefe

- Sitzfläche: Verwitterte Natursteinplatte, beispielsweise eine alte Fensterbank; 130 bis 200 cm lang, 40 cm breit und 50 cm stark
- Armierungseisen: 2 m lang, 2 cm stark
- Mauerdübel: drei Zweikomponenten-Dübel von 2 cm Durchmesser für Metall-Stein-Verbindungen
- Kupferrohr (Installateur-Bedarf): 3 × 55 cm × 2,5 cm Durchmesser

**Werkzeug**

- Maßband und Kreide
- Leistungsfähiger Winkelschleifer mit Trennscheiben für Metall und für Stein
- Bohrmaschine mit 25-mm-Steinbohrer (für 20 cm tiefes Loch)
- Maurerhammer
- Wasserwaage
- Reststück einer starken Holzbohle
- Zimmermannshammer

## FREISCHWEBENDE BAUTEN

Auch wenn dieses Bauvorhaben sehr einfach erscheint – nichts weiter als eine Steinplatte auf ein paar Trägern – erfordert es harte Arbeit. Doch wenn es Sie reizt, mit einem leistungsfähigen Steinbohrer und einem Profi-Winkelschleifer zu arbeiten, ist dies das Richtige für Sie. Die Mauer, an der die Bank montiert wird, muss mindestens 25 cm dick sein und aus Vollziegeln, Betonstein oder Naturstein bestehen – entweder Ihre Hauswand oder, besser noch, eine freistehende Mauer im Garten. Die Armierungseisen werden mit Zweikomponenten-Dübeln einzementiert; hierbei handelt es sich um mit Epoxidharz, Härtungsmittel und Steingranulat gefüllte Glasampullen. Sie werden vorsichtig in das Bohrloch eingeführt; das Eisen wird in das Loch geschlagen und gedreht. Dabei zerbirst die Ampulle, die Chemikalien vermischen sich und härten aus, und die Eisenstange ist fixiert. Der fertige Sitz trägt das Gewicht von drei Menschen oder entsprechend vielen Blumentöpfen!

## QUERSCHNITT DURCH DAS STEINSIMS

Mauer

Verwitterte Steinplatte
*Nach Farbe und Oberfläche ausgewählt.*

**Zweikomponentendübel**
*Ein Zweikomponenten-Dübel hält das Armierungseisen.*

Kupferrohr
*Das Ende ist dekorativ umgebogen.*

Armierungseisen
*35 cm über dem Boden eingedübelt.*

Mauerfundament

Schotter

Pflasterfläche

# Freitragendes Steinsims

## VORDERANSICHT UND DRAUFSICHT AUF DAS STEINSIMS

**Fixierung**
Die Steinplatte liegt durch ihr Eigengewicht fest.

**Verwitterte Kalksteinplatte**
130 bis 200 cm × 40 cm × 5 cm; mit der verwitterten (strukturierten) Kante nach vorn aufgelegt.

**Kupferrohr**
Das umgebogene Ende schaut unter der Steinplatte hervor.

**Kalksteinplatte**
Mit der strukturierten Seite nach oben aufgelegt.

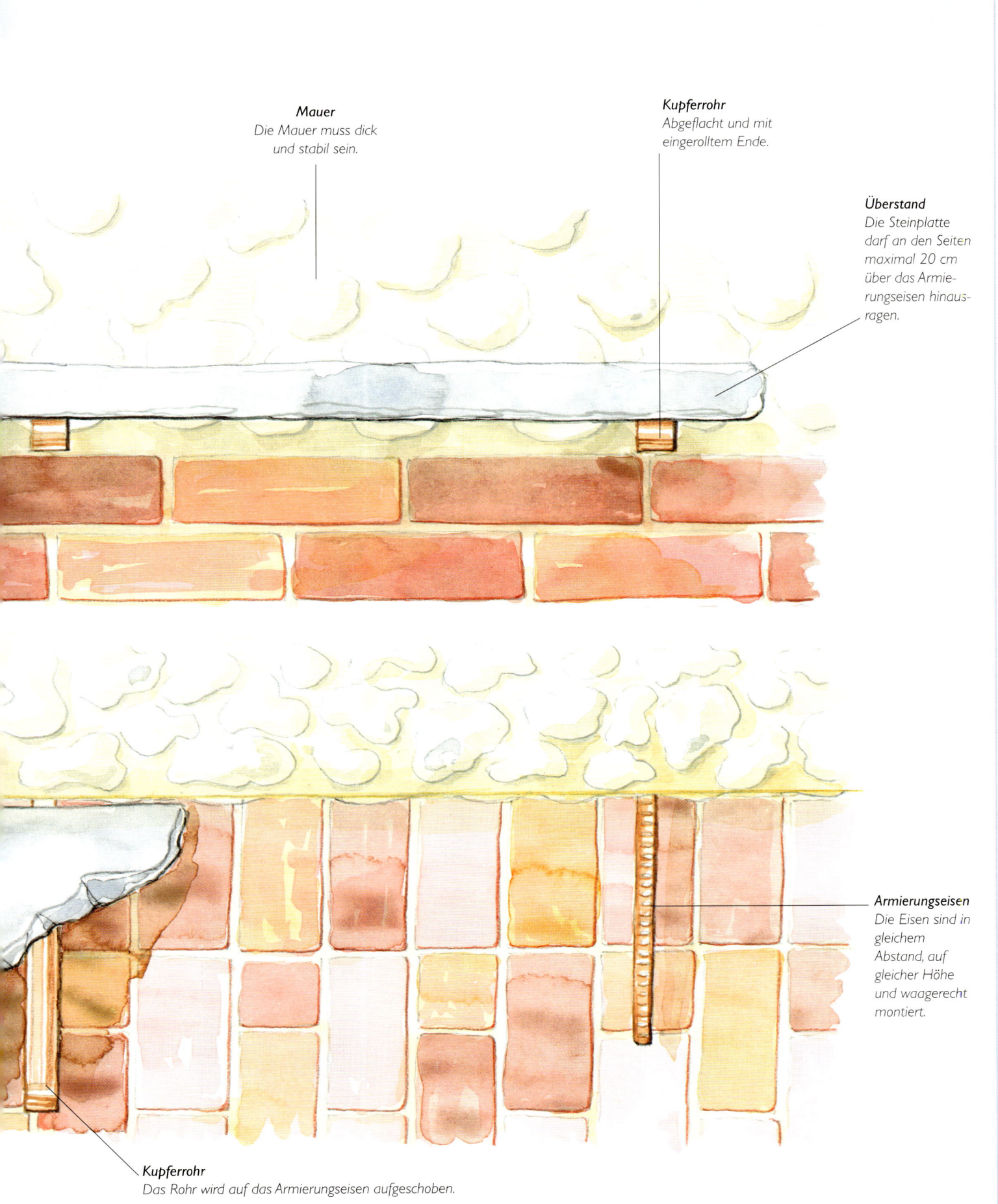

**Mauer**
Die Mauer muss dick
und stabil sein.

**Kupferrohr**
Abgeflacht und mit
eingerolltem Ende.

**Überstand**
Die Steinplatte
darf an den Seiten
maximal 20 cm
über das Armie-
rungseisen hinaus-
ragen.

**Armierungseisen**
Die Eisen sind in
gleichem
Abstand, auf
gleicher Höhe
und waagerecht
montiert.

**Kupferrohr**
Das Rohr wird auf das Armierungseisen aufgeschoben.

# Schritt für Schritt: **So montieren Sie das freitragende Steinsims**

*Schutzhaube*
Entfernen Sie nie die
Schutzhaube von der
Trennscheibe.

*Schutz*
Legen Sie Handschuhe,
Schutzbrille und Staub-
maske an.

*Arbeitswinkel*
Halten Sie die
Trennscheibe
im rechten
Winkel zum
Stein.

*Metalltrenn-
scheibe*
Montieren Sie
ein Blatt, das
für Metall
geeignet ist.

*Armierungs-
eisen*
Halten Sie das
Armierungs-
eisen mit dem
Fuß fest.

**1** Messen Sie die Steinplatte aus, kürzen Sie sie auf die gewünschte Länge
und auf genau 40 cm Breite mit dem Winkelschleifer und der Trennscheibe für Stein.
Bearbeiten Sie die Steinplatte so wenig wie
möglich, denn die verwitterten Kanten sind
sehr dekorativ.

**2** Montieren Sie nun das Metallblatt
und sägen Sie das Armierungseisen in
vier Stücke – dreimal 55 cm und einmal
35 cm. Achten Sie dabei auf Ihre Füße.

*Bohrloch*
Bohren Sie nie
in sehr hartes Gestein,
wie z.B. Granit.

**3** Bohren Sie drei 20 cm tiefe,
waagerecht angesetzte
Löcher in die Mauer. Der Abstand
sollte etwa 50 cm voneinander
betragen, die Höhe über dem
Boden 35 cm.

*Höhe*
Die drei Löcher
müssen auf
genau gleicher
Höhe liegen.

*Schlagbohrer*
Eine leistungs-
fähige Schlag-
bohrmaschine
können Sie in
Baumärkten
mieten.

**Beschicken**
*Holen Sie den Steinstaub aus dem Loch und führen Sie dann die Ampulle bis ganz nach hinten ein.*

**4** Schieben Sie eine Dübelampulle in ein Bohrloch, schieben Sie einen langen Eisenstab nach und treiben Sie das Eisen mit dem Maurerhammer ein, bis die Ampulle zerbricht. Kontrollieren Sie mit der Wasserwaage, ob sich das Eisen in der richtigen Höhe befindet und rechtwinklig zur Mauer steht, und lassen Sie dann das Harz aushärten.

*Unser Tipp*

Trotz Schutzbrille sollten Sie beim Zertrümmern der Ampulle möglichst außerhalb der direkten „Schusslinie" stehen, damit Sie keine Spritzer abbekommen, falls das Harz aus dem Loch schießen sollte.

**Zweikomponenten-Dübel**
*Gehen Sie äußerst vorsichtig mit den Ampullen um.*

**Kupferrohr**
*Hämmern Sie das abgeflachte Rohrende um die Eisenstange.*

**Kontrollieren**
*Überprüfen Sie, ob alle drei Eisenstangen auf gleicher Höhe sind.*

**Starke Holzbohle**
*Die Eisenstange zum Formen des Kupferrohres steckt fest in der Holzbohle.*

**Armierungseisen**
*Die Eisenstangen müssen im rechten Winkel zur Mauer stehen.*

**Kupferrohr**
*Das Rohr wird mit der offenen Seite so weit als möglich über die Armierungseisen geschoben.*

**5** Formen des Kupferrohres: Bohren Sie ein 25-mm-Loch in die Holzbohle und hämmern Sie das kurze Stück Armierungseisen hinein. Klopfen Sie die letzten 15 cm eines Kupferrohrs flach und biegen Sie das flache Ende um die Eisenstange.

**6** Als letztes schieben Sie die Kupferrohre auf die Armierungseisen, kontrollieren ihre waagerechte Ausrichtung mit der Wasserwaage und heben zu zweit die Steinplatte darauf. Durch ihr Eigengewicht liegt diese stabil.

# Sonnenuhr

**Die klassische Sonnenuhr ist ein äußerst dekorativer und stimmungsvoller Blickfang in jedem Garten. Wie könnte man einen heißen, trägen Sommertag besser verbringen als im Garten, mit Blick auf den Schattenwurf der Sonnenuhr, der langsam aber sicher von Stunde zu Stunde vorrückt? Unser Entwurf passt auf eine vorhandene Terrasse oder eine ähnliche Fläche.**

### ZEITAUFWAND

Ein Wochenende (Basis und Säule: acht Stunden; weitere Arbeiten und Aufsetzen der Sonnenuhr: acht Stunden)

### SICHERHEIT

Beim Brechen von Schiefer fliegen Splitter – setzen Sie eine Schutzbrille auf.

## WAS SIE BENÖTIGEN

**Material** für eine 64 cm hohe Sonnenuhr von 40 cm Seitenlänge
- Mörtel: 1 Teil (5 kg) Zement, 2 Teile (10 kg) Kalk, 8 Teile (40 kg) Feinsand
- Steinplatte für die Basis: eine wieder verwendete Platte von 40 cm Kantenlänge, 8 cm stark
- Steinplatte für den Tisch: eine wieder verwendete Platte von 30 cm Kantenlänge, 6 cm stark
- Plattiger Materialbruch für die Säule: 30 kg
- Sandsteinplatten für den Säulenfuß: 20 kg Materialbruch

- Messing-Sonnenuhr nach Wahl
- Passende Schrauben und Dübel für die Sonnenuhr

**Werkzeug**
- Schubkarre
- 10-Liter-Eimer
- Maßband und Kreide
- Spitzkelle
- Wasserwaage
- Maurerhammer
- Bohrmaschine mit Steinbohrer (Größe entsprechend der Löcher in der Sonnenuhr)
- Schraubenzieher

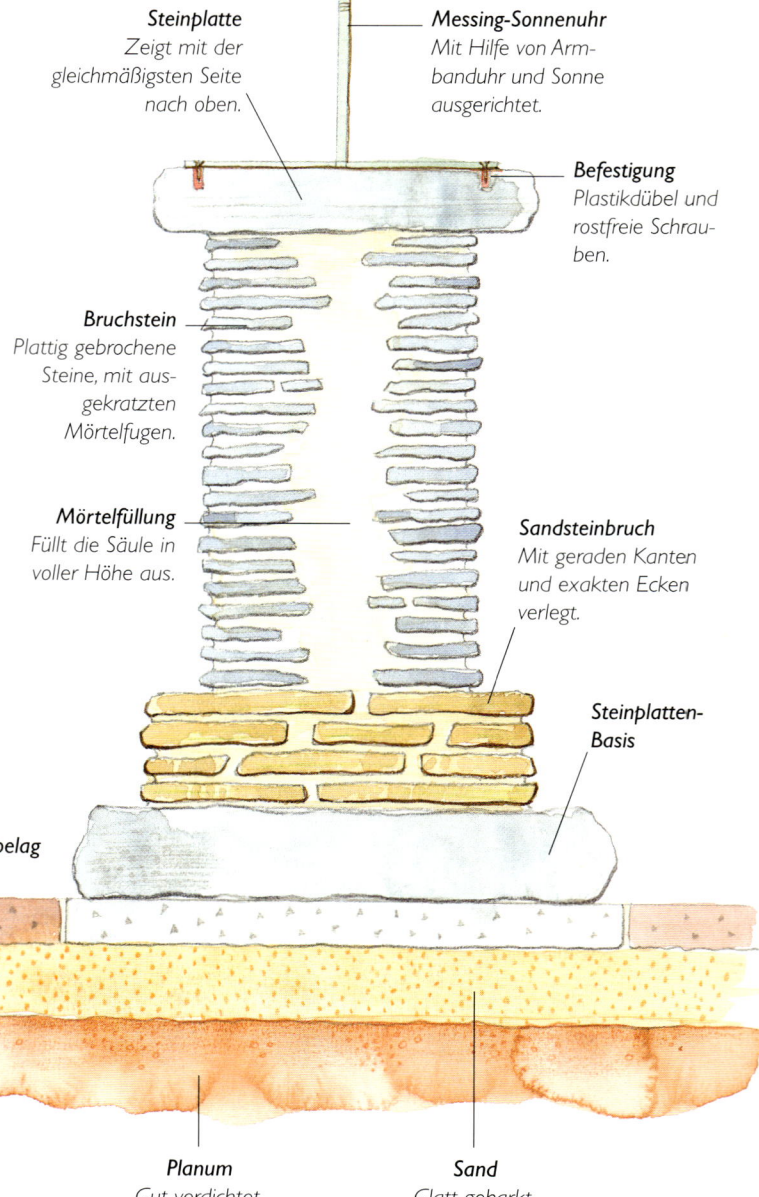

**QUERSCHNITT DURCH DIE SONNENUHR**

*Steinplatte*
Zeigt mit der gleichmäßigsten Seite nach oben.

*Messing-Sonnenuhr*
Mit Hilfe von Armbanduhr und Sonne ausgerichtet.

*Befestigung*
Plastikdübel und rostfreie Schrauben.

*Bruchstein*
Plattig gebrochene Steine, mit ausgekratzten Mörtelfugen.

*Mörtelfüllung*
Füllt die Säule in voller Höhe aus.

*Sandsteinbruch*
Mit geraden Kanten und exakten Ecken verlegt.

*Steinplatten-Basis*

*Plattenbelag*

*Planum*
Gut verdichtet.

*Sand*
Glatt geharkt.

## FÜR SCHÖNE SONNENSTUNDEN

Der beste Standort für eine Sonnenuhr berücksichtigt nicht nur ihre Wirkung auf andere Gartenelemente, sondern auch die Sonneneinstrahlung, denn schließlich darf eine funktionierende Uhr nicht im Schatten stehen. Ist Ihr Garten von vielen hohen Bäumen umgeben, suchen Sie eine Stelle, die zu einer Zeit in der Sonne liegt, wenn Sie sich am ehesten draußen aufhalten – nach dem Essen vielleicht oder spät nachmittags.

Die Konstruktion besteht aus vier Elementen – einer Steinplatte als Basis, einem Sockel aus Sandstein, einer zylindrischen Säule aus plattig gebrochenem Steinmaterial und einer weiteren Steinplatte als Abschluss. Mörtel hält alles zusammen. Um die quadratische Sonnenuhr anschließend parallel zu den quadratischen Steinplatten montieren zu können, müssen Sie sie vor Beginn der Arbeiten justieren, damit die Uhr später die korrekte Zeit anzeigt. Nun kann der Bau beginnen.

# Sonnenuhr

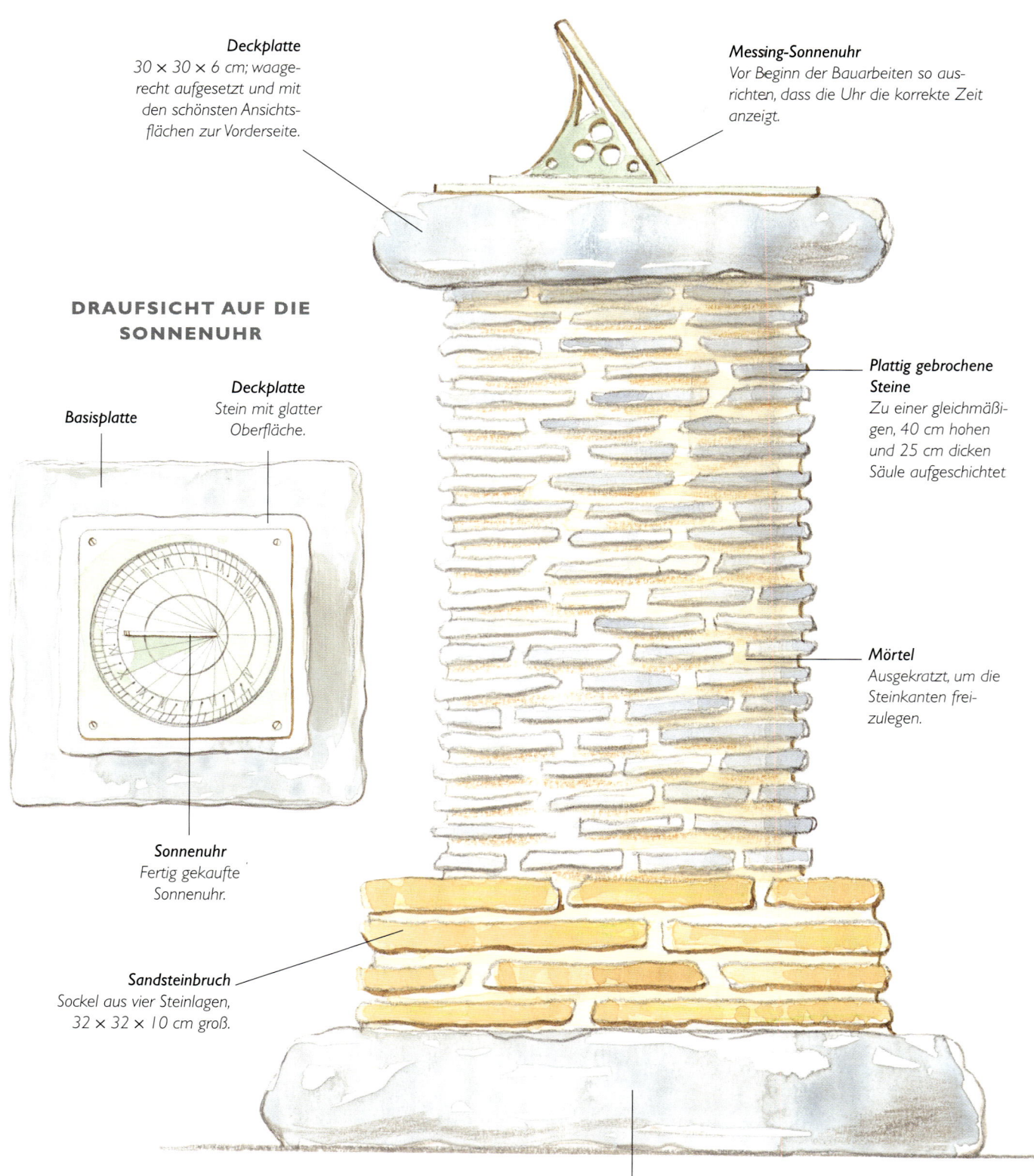

**SEITENANSICHT DER SONNENUHR**

**Deckplatte**
30 × 30 × 6 cm; waagerecht aufgesetzt und mit den schönsten Ansichtsflächen zur Vorderseite.

**Messing-Sonnenuhr**
Vor Beginn der Bauarbeiten so ausrichten, dass die Uhr die korrekte Zeit anzeigt.

**DRAUFSICHT AUF DIE SONNENUHR**

**Basisplatte**

**Deckplatte**
Stein mit glatter Oberfläche.

**Plattig gebrochene Steine**
Zu einer gleichmäßigen, 40 cm hohen und 25 cm dicken Säule aufgeschichtet

**Mörtel**
Ausgekratzt, um die Steinkanten freizulegen.

**Sonnenuhr**
Fertig gekaufte Sonnenuhr.

**Sandsteinbruch**
Sockel aus vier Steinlagen, 32 × 32 × 10 cm groß.

**Basisplatte**
40 × 40 × 8 cm groß.

## DETAILLIERTER AUFBAU DER SONNENUHR

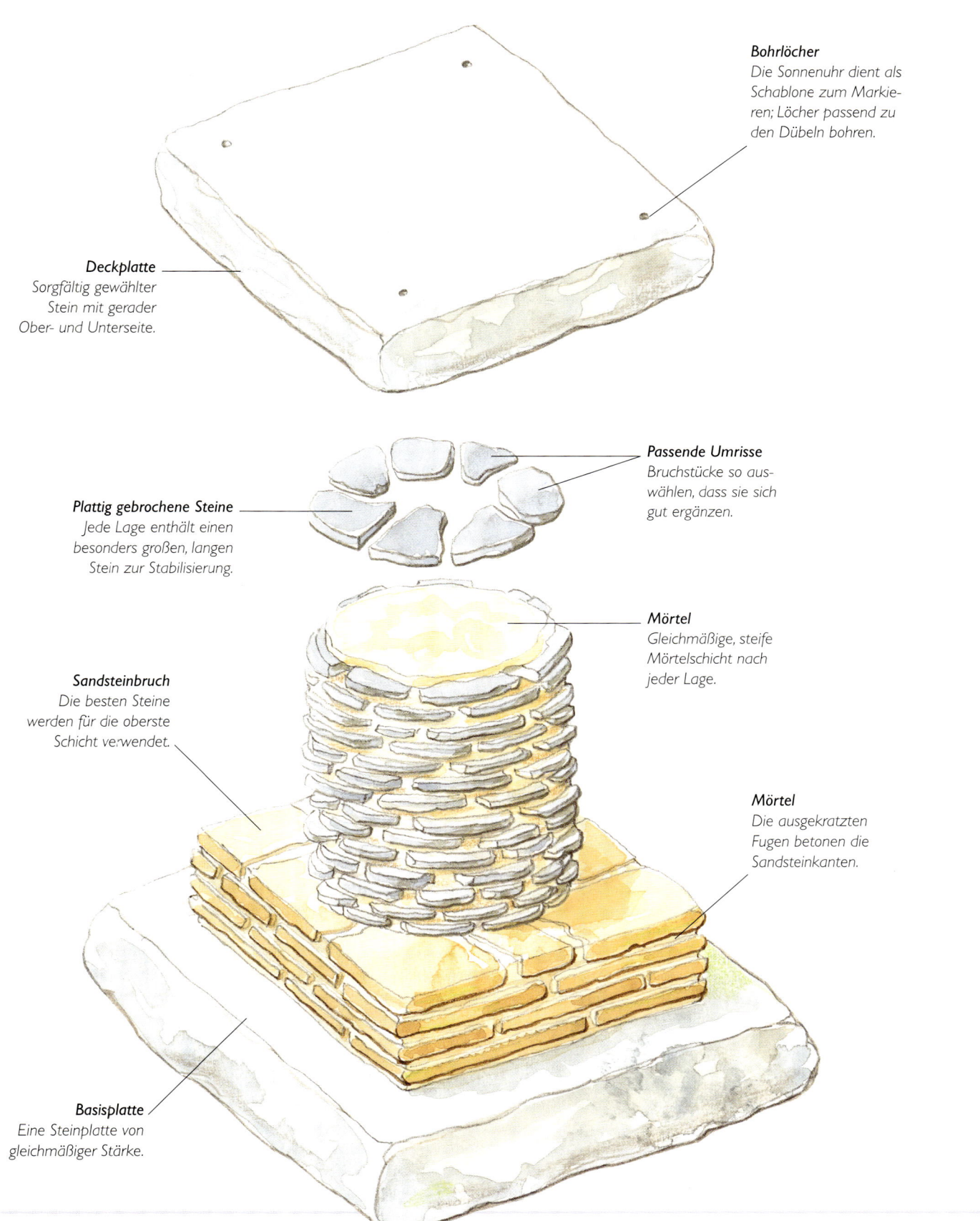

**Bohrlöcher**
*Die Sonnenuhr dient als Schablone zum Markieren; Löcher passend zu den Dübeln bohren.*

**Deckplatte**
*Sorgfältig gewählter Stein mit gerader Ober- und Unterseite.*

**Passende Umrisse**
*Bruchstücke so auswählen, dass sie sich gut ergänzen.*

**Plattig gebrochene Steine**
*Jede Lage enthält einen besonders großen, langen Stein zur Stabilisierung.*

**Mörtel**
*Gleichmäßige, steife Mörtelschicht nach jeder Lage.*

**Sandsteinbruch**
*Die besten Steine werden für die oberste Schicht verwendet.*

**Mörtel**
*Die ausgekratzten Fugen betonen die Sandsteinkanten.*

**Basisplatte**
*Eine Steinplatte von gleichmäßiger Stärke.*

## Schritt für Schritt: **So bauen Sie die Sonnenuhr**

**Ausrichten**
*Drehen Sie die Basis, bis ihre Aus-
richtung der Stellung der Sonnenuhr entspricht.*

**I** Setzen Sie die Sonnenuhr auf
den Boden und richten Sie sie
nach Ihrer Armbanduhr und der
Sonne aus; betten Sie dann die
Grundplatte in Mörtel und richten Sie diese wiederum nach dem
Quadrat der Sonnenuhr aus.

**Ausgleichen**
*Nehmen Sie
gegebenenfalls
mit dünnen
Steinen einen
Höhenausgleich
vor.*

**Einbetten**
*Betten Sie die
Steinplatte in
Mörtel.*

**Kellenarbeit**
*Klopfen Sie die Steine mit
dem Kellengriff zurecht.*

**Mörtel**
*Verteilen Sie den Mörtel
gleichmäßig.*

**Steinkreis**
*Legen Sie aus
den plattigen
Bruchstücken
einen Kreis von
25 cm Durch-
messer.*

**Einbetten**
*Betten Sie die
Steine sorgfältig
ein.*

**Sockel**
*Mauern Sie die
Lagen etwa
10 cm hoch.*

**2** Für den Sockel geben Sie mit der
Spitzkelle Mörtel auf die Basis und
setzen darauf aus dem Sandsteinbruch ein
Quadrat mit 32 cm Seitenlänge. Bauen Sie
auf diese Weise einen Sockel von etwa
10 cm Höhe.

**3** Für die Säule verteilen Sie Mörtel auf
den Sockel und ordnen die Bruchstücke kreisförmig an. Geben Sie auf diesen
Kreis wiederum Mörtel und verfahren Sie
wie beschrieben. Kontrollieren Sie jede
Lage mit Maßband und Wasserwaage.

*Rundung*
*Verlegen Sie die Steine möglichst in einer schönen Rundung.*

*Fluchten*
*Klopfen Sie hervorstehende Steine mit dem Maurerhammer zurück.*

**4** Schichten Sie die Bruchstücke auf, bis die Säule etwa 40 cm hoch ist. Wenn Sie den Eindruck haben, dass die Konstruktion nachgeben will, rücken Sie die Steine mit dem Maurerhammer zurecht und machen Sie eine Pause, damit der Mörtel abbinden kann.

## Unser Tipp

Bei heißem, trockenem Wetter sollten Sie die plattigen Bruchsteine vor dem Einbetten ins Mörtelbett kurz in Wasser tauchen. Ihre Saugfähigkeit wird so reduziert und sie entziehen dem Mörtel nicht gleich die ganze Feuchtigkeit.

*Schrauben*
*Geben Sie Acht, dass Sie nicht abrutschen und die Messingplatte zerkratzen.*

*Ausrichten*
*Kontrollieren Sie nochmals die Ausrichtung der Sonnenuhr.*

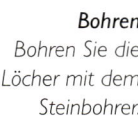

*Bohren*
*Bohren Sie die Löcher mit dem Steinbohrer.*

*Einbetten*
*Setzen Sie die Platte auf das Mörtelbett.*

*Anfeuchten*
*Feuchten Sie die Unterseite des Steins an, um seine Saugfähigkeit zu verringern.*

**5** Legen Sie die Messingplatte auf die Deckplatte und bohren Sie vorsichtig Löcher; stecken Sie Dübel ein und schrauben Sie die Sonnenuhr fest. Seien Sie vorsichtig – wenn Sie die Schrauben zu fest anziehen, kann sich der Stein spalten.

**6** Verteilen Sie schließlich Mörtel auf die Säule und setzen Sie die Deckplatte mit der Sonnenuhr auf. Überprüfen Sie die Ausrichtung nach dem Stand der Sonne mit Ihrer Armbanduhr.

# Arbeitstisch aus Stein

## ZEITAUFWAND

Drei Tage (Fundament: acht Stunden; Tragpfeiler: vierzehn Stunden; Steinplatte aufsetzen: zwei Stunden)

## SICHERHEIT

Die Steinplatte ist unglaublich schwer – nur zwei starke Menschen können sie aufsetzen.

**Wenn Sie gerne ein- und umtopfen, aber den wackeligen Tisch im Gewächshaus leid sind, oder einfach nur gerne einen schönen Arbeitstisch nach alter englischer Tradition hätten, werden Sie an diesem Steintisch sicher Freude haben. Ist der Tisch gerade nicht im Gebrauch, lassen sich darauf auch sehr dekorativ Pflanzen präsentieren.**

## WAS SIE BENÖTIGEN

**Material** für einen 100 cm breiten und 58 cm tiefen Tisch von 80 cm Höhe
- Unterbau: Bauschutt (100 kg)
- Beton B 15: 1 Teil (20 kg) Zement, 2 Teile (40 kg) Brechsand, 4 Teile (80 kg) Zuschlag
- Mörtel: 1 Teil (5 kg) Zement, 2 Teile (10 kg) Kalk, 8 Teile (40 kg) Feinsand
- Schiefer- oder Kalksteinplatte: 1 Steinplatte von etwa 100 × 58 × 8 bis 9 cm
- Kalksteinplatten: 2 m² gebrauchte Steinplatten, etwa 1,5 cm stark

- Kalkwerkstein: 8 gesägte und geglättete Quader von etwa 25 × 17 × 13 cm
- Schotter zum Abdecken der Betonplatte: etwa 50 kg

**Werkzeug**
- Maßband, Lineal, Kreide
- Schaufel und Spaten
- Schubkarre und 10-Liter-Eimer
- Kantholz von etwa 60 × 8 × 5 cm
- Reibebrett
- Maurerkelle
- Maurerhammer
- Spitzkelle
- Wasserwaage
- Fäustel

## EIN TISCH FÜR JEDES WETTER

Dieser Tisch benötigt eine stabile Ziegel- oder Steinmauer als Rückhalt. Er könnte auch gegen einen Schuppen gebaut werden. Ideal ist eine geschützte Stelle, die von der Mauer gegen den Wind abgeschirmt wird, während die Sonne Ihren Rücken bei der Arbeit wärmt.

Die Pfeiler wirken durch die abwechselnden Schichten aus Kalksteinquadern und aufgeschichteten Steinplatten ausgesprochen dekorativ. Der Mörtel ist tief ausgekratzt; die entstandene Schattenfuge lässt die Steine besonders gut zur Geltung kommen. Suchen Sie nach gebrauchten Steinen – große Quader, die rundum behauen sind, und Steinplatten mit geschnittenen Kanten. Nehmen Sie sich beim Händler Zeit, mit dem vorhandenen Steinmaterial herumzuprobieren, bis Sie eine geeignete Kombination gefunden haben. Während die meisten angegebenen Maße flexibel sind, müssen die Pfeiler unbedingt mindestens 17 cm stark sein. Sollten sie irgendwann während der Arbeit nachzugeben beginnen oder sollte der Mörtel aus den Fugen treten, machen Sie eine Pause, bis der Mörtel teilweise abgebunden hat.

## QUERSCHNITT DURCH DEN ARBEITSTISCH

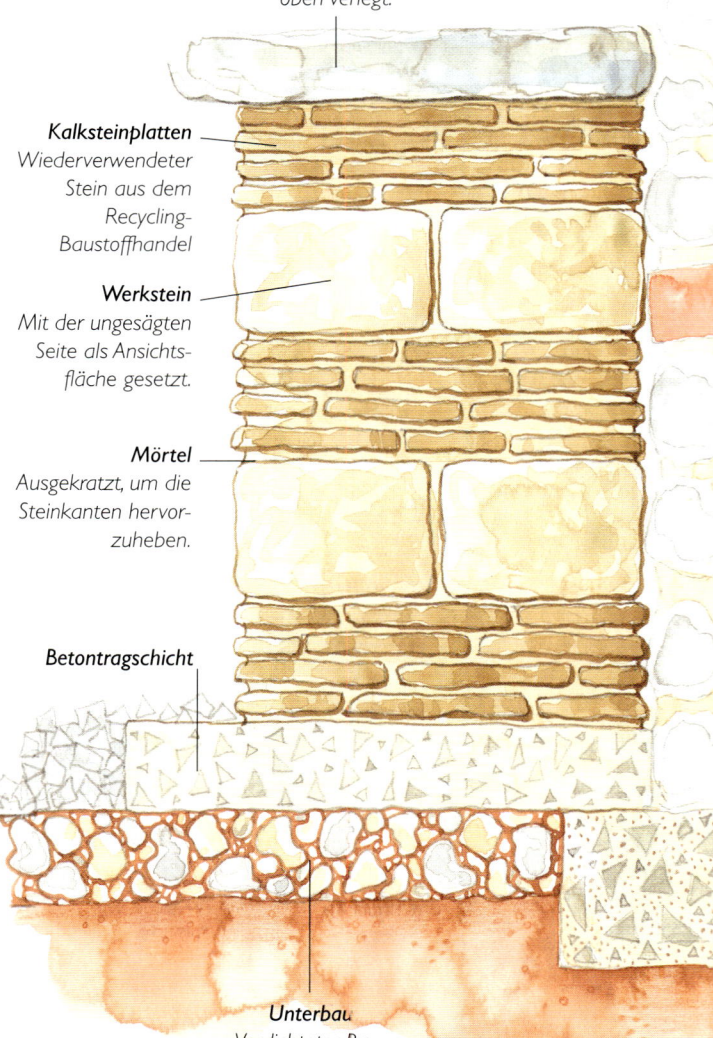

**Tischplatte**
Mindestens 8 cm stark; mit der verwitterter Fläche nach oben verlegt.

**Kalksteinplatten**
Wiederverwendeter Stein aus dem Recycling-Baustoffhandel

**Werkstein**
Mit der ungesägten Seite als Ansichtsfläche gesetzt.

**Mörtel**
Ausgekratzt, um die Steinkanten hervorzuheben.

**Betontragschicht**

**Unterbau**
Verdichteter Bauschutt.

# Arbeitstisch aus Stein

**VORDERANSICHT DES ARBEITSTISCHES**

*Tischplatte*
100 × 58 × 8 bis 9 cm
groß; mit den schönsten
Flächen sichtbar.

*Kalkwerkstein*
25 × 17 × 13 cm
groß.

*Kalksteinplatten*
1,5 cm stark; mit
exakten Ecken
gesetzt.

*Rückwand*
Die vorhandene
Mauer gibt dem
Tisch zusätzlichen
Halt.

*Pfeiler*
71 × 50 × 17 cm.

**DRAUFSICHT AUF DEN ARBEITSTISCH**

*Mauer*

*Tischplatte*
Gründlich auf Risse
oder andere Schäden
überprüfen.

*Mörtel*
Die Pfeileroberfläche
wird mit einer groß-
zügigen Mörtelschicht
bestrichen.

*Betontragschicht*
100 × 60 cm × 10 cm.

*Kalksteinplatten*
So verlegt, dass alle
Stoßfugen versetzt zu-
einander liegen.

## ISOMETRIE UND AUFBAU DES ARBEITSTISCHES

**Tischplatte**
*Ein leichtes Gefälle nach vorne einbauen, damit Regenwasser abfließen kann.*

**Glatte Arbeitsfläche**
*Die Steinplatte wurde wegen ihrer gleichmäßig strukturierten, verwitterten Oberfläche und der schönen Seiten ausgewählt.*

**Mörtel**
*So aufgetragen, dass die Tischplatte leicht nach vorn abfällt.*

**Kalkwerkstein**
*Mit den schönsten Ecken nach vorn gesetzt.*

**Kalksteinplatten**
*Vier Lagen entsprechen der Höhe eines Steinquaders.*

**Schotter**
*Der gesamte Bereich wird mit Gesteinsschotter abgedeckt.*

**Betontragschicht**
*Betonplatte, leicht unter Bodenniveau abschließend.*

**Unterbau**
*Sauberer, gut verdichteter Bauschutt.*

# Schritt für Schritt: **So bauen Sie den Arbeitstisch aus Stein**

**Betontragschicht**
*Die Stärke sollte 10 cm betragen.*

**Pfeiler**
*Die Pfeilerfläche beträgt 17 × 50 cm.*

**Reibebrett**
*Mit dem Reibebrett glätten Sie die Betonschicht.*

**Markierung**
*Zeichnen Sie die Position der Pfeiler mit Kreide auf.*

**Abstand**
*Der Abstand von Pfeilermitte zu Pfeilermitte sollte 40 cm betragen.*

**1** Bereiten Sie mit dem Spaten den Boden für das Fundament vor. Heben Sie eine 100 × 60 cm große Grube 20 cm tief aus. Als Unterbau verdichten Sie darin Schotter auf 10 cm; füllen Sie darauf Beton zu einer 10 cm starken Schicht. Ziehen Sie diese mit dem Kantholz ab und reiben Sie sie mit dem Reibebrett glatt.

**2** Markieren Sie die Position der Pfeiler mit Maßband, Kreide und Lineal. Der Abstand zwischen den Innenseiten der Pfeiler sollte 23 cm betragen; der Abstand zum Seitenrand des Funcaments 21,5 cm. Die Pfeiler sind 17 cm dick und 50 cm tief.

**Mauer**
*Die Pfeiler benötigen eine Mauer als Stütze.*

**Festklopfen**
*Klopfen Sie den Stein mit dem Kellengriff fest in den Mörtel.*

**3** Verteilen Sie mit der Maurerkelle Mörtel auf den markierten Bereich und setzen Sie die erste Lage Kalksteinplatten. Kürzen Sie diese mit dem Maurerhammer passend ein. Geben Sie nun Mörtel auf die Steine und setzen Sie die zweite Lage. Arbeiten Sie die Ecken so exakt wie möglich. Setzen Sie in passender Höhe jeweils zwei Quader aus Kalkwerkstein auf. Mauern Sie bis zu einer Gesamthöhe von 71 cm.

**Pfeilerhöhe**
*Die Pfeiler sind
71 cm hoch.*

**Höhenaus-
gleich**
*Mit den dün-
nen Steinplat-
ten lässt sich
ein gewisser
Höhenausgleich
vornehmen.*

**Quader aus
Kalkwerkstein**

**4** Kratzen Sie mit der Spitzkelle die Fugen aus, sobald
Sie drei oder vier Lagen gemauert
haben.

**Auskratzen**
*Mit der Kellen-
spitze lassen
sich die Fugen
gut auskratzen.*

### Unser Tipp

Bei einem kleinen Bauvor-
haben wie diesem können
Sie den Mörtel mit der großen Maurerkelle befördern
und auffangen, während Sie
mit der kleinen Spitzkelle
die Fugen auskratzen.

**Nivellieren**
*Mit dem Stiel
des Fäustels
klopfen Sie die
Platte in das
Mörtelbett.*

**5** Sind beide Pfeiler aufgemau-
ert, warten Sie ab, bis der
Mörtel einigermaßen abgebunden
hat. Dann bestreichen Sie die
Oberseite der Pfeiler mit Mörtel
und setzen die Tischplatte auf.
Kontrollieren Sie ihre waagerechte Ausrichtung mit der Wasserwaage. Klopfen Sie gegebenenfalls mit dem Hammer leicht auf
die hochstehende Seite oder
füttern Sie auf der abfallenden
Seite flache Steinkeile unter.

**Fertigstellung**
*Decken Sie die
Betontragschicht
mit Schotter oder
einem anderen
Material Ihrer Wahl
ab.*

# Steinbank mit Kamillenpolster

Diese schlichte Idee ist äußerst wirkungsvoll. Die Sitzfläche der Steinbank – beinahe ein Sofa – ist mit Gras und Kamille bepflanzt. Sobald Sie sich darauf setzen, umströmt Sie der aromatische Duft der Kamille. Kaufen Sie die nicht blühende Sorte *Chamaemelum nobile* 'Treneague', die auch für Kamillenrasen benutzt wird.

## ZEITAUFWAND

Zwei Wochenenden
(Fundament: acht Stunden;
Mauern: sechzehn Stunden;
Bepflanzen und Aufräumen:
acht Stunden)

## SICHERHEIT

Die Quader sind schwer;
arbeiten Sie mit Handschuhen
und heben Sie nur einen Stein
auf einmal.

## QUERSCHNITT DURCH DIE BANK

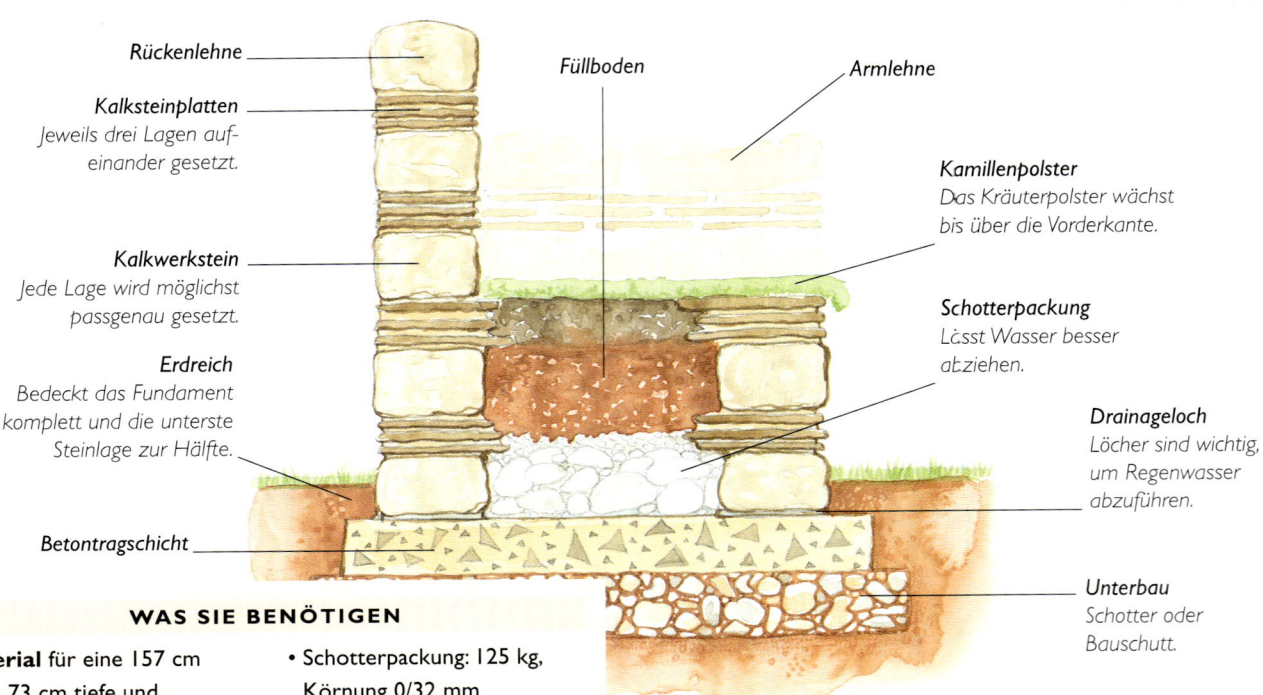

*Rückenlehne*

*Kalksteinplatten*
Jeweils drei Lagen aufeinander gesetzt.

*Kalkwerkstein*
Jede Lage wird möglichst passgenau gesetzt.

*Erdreich*
Bedeckt das Fundament komplett und die unterste Steinlage zur Hälfte.

*Betontragschicht*

*Füllboden*

*Armlehne*

*Kamillenpolster*
Das Kräuterpolster wächst bis über die Vorderkante.

*Schotterpackung*
Lässt Wasser besser abziehen.

*Drainageloch*
Löcher sind wichtig, um Regenwasser abzuführen.

*Unterbau*
Schotter oder Bauschutt.

## WAS SIE BENÖTIGEN

**Material** für eine 157 cm lange, 73 cm tiefe und 87 cm hohe Bank
- Mörtel: 1 Teil (20 kg) Zement, 2 Teile (40 kg) Kalk, 8 Teile (160 kg) Sand
- Beton: 1 Teil (40 kg) Zement, 2 Teile (80 kg) Brechsand, 4 Teile (160 kg) Zuschlag
- Kalksteinplatten: 9 m² alte Steinplatten, etwa 1,5 cm stark
- Kalkwerkstein: etwa 60 gesägte und geglättete Quader à 25 × 15 × 9 bis 10 cm
- Unterbau: 250 kg Schotter oder Bauschutt 0/32 mm

- Schotterpackung: 125 kg, Körnung 0/32 mm
- Oberboden zum Verfüllen: 250 kg

### Werkzeug
- Schubkarre und 10-Liter-Eimer
- Maßband, Lineal, Kreide
- Schaufel und Spaten
- Schalholz: zwei Kanthölzer von etwa 160 × 8 × 5 cm
- Kantholz: 120 × 8 × 5 cm
- Maurerkelle
- Spitzkelle
- Maurerhammer
- Wasserwaage
- Drahtbürste
- Schwamm

## EIN DUFT ZUM WOHLFÜHLEN

Wer je barfuß über einen Kamillenrasen spaziert ist und sich an seinem Duft und dem weichen, dick gepolsterten Teppich erfreut hat, kann sich vorstellen, wie angenehm es sich auf einem solchen Kamillenkissen sitzt. Diese Steinbank ist eine reine Freude – man sitzt ausgesprochen komfortabel auf dem weichen Polster, das große, dekorative Bauwerk verfehlt selbst in einer parkähnlichen Anlage seine Wirkung nicht, und mit ihrer ungewöhnlich gepolsterten Sitzfläche wird die Bank sofort zum Mittelpunkt. Die Konstruktion besteht aus abwechselnden Lagen aus behauenen Steinquadern und geschichteten dünnen Steinplatten. Diese Mischung ergibt reizvolle Kontraste; außerdem gleichen die Plattenlagen die unvermeidbaren Unregelmäßigkeiten und Höhenunterschiede der Kalkwerksteine aus. Das Schichtmuster wird durch die Schattenfugen noch stärker betont.

# Steinbank mit Kamillenpolster

## VORDERANSICHT DER BANK

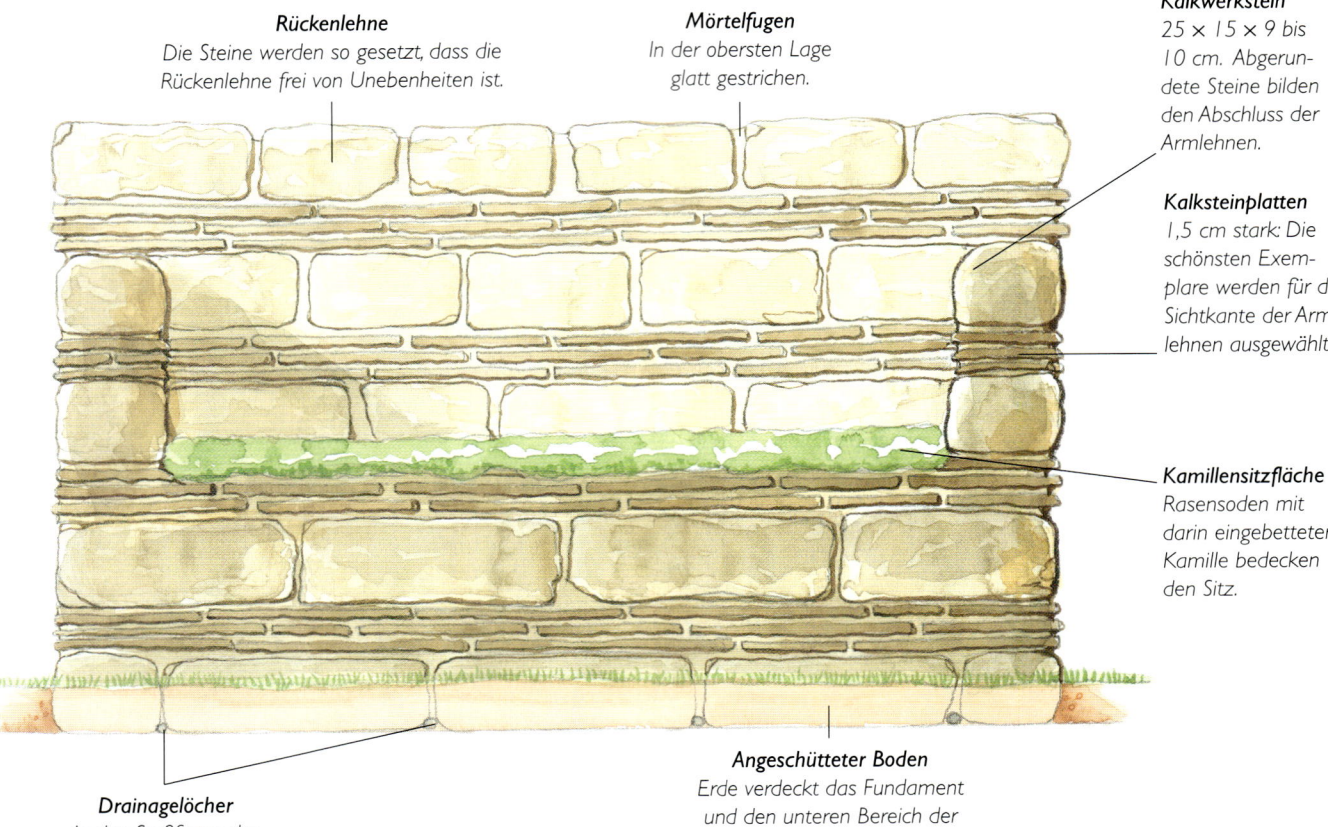

**Rückenlehne**
Die Steine werden so gesetzt, dass die Rückenlehne frei von Unebenheiten ist.

**Mörtelfugen**
In der obersten Lage glatt gestrichen.

**Kalkwerkstein**
25 × 15 × 9 bis 10 cm. Abgerundete Steine bilden den Abschluss der Armlehnen.

**Kalksteinplatten**
1,5 cm stark: Die schönsten Exemplare werden für die Sichtkante der Armlehnen ausgewählt.

**Kamillensitzfläche**
Rasensoden mit darin eingebetteter Kamille bedecken den Sitz.

**Drainagelöcher**
In den Stoßfugen der untersten Lage sind Löcher ausgespart.

**Angeschütteter Boden**
Erde verdeckt das Fundament und den unteren Bereich der ersten Steinlage.

## DRAUFSICHT AUF DIE BANK

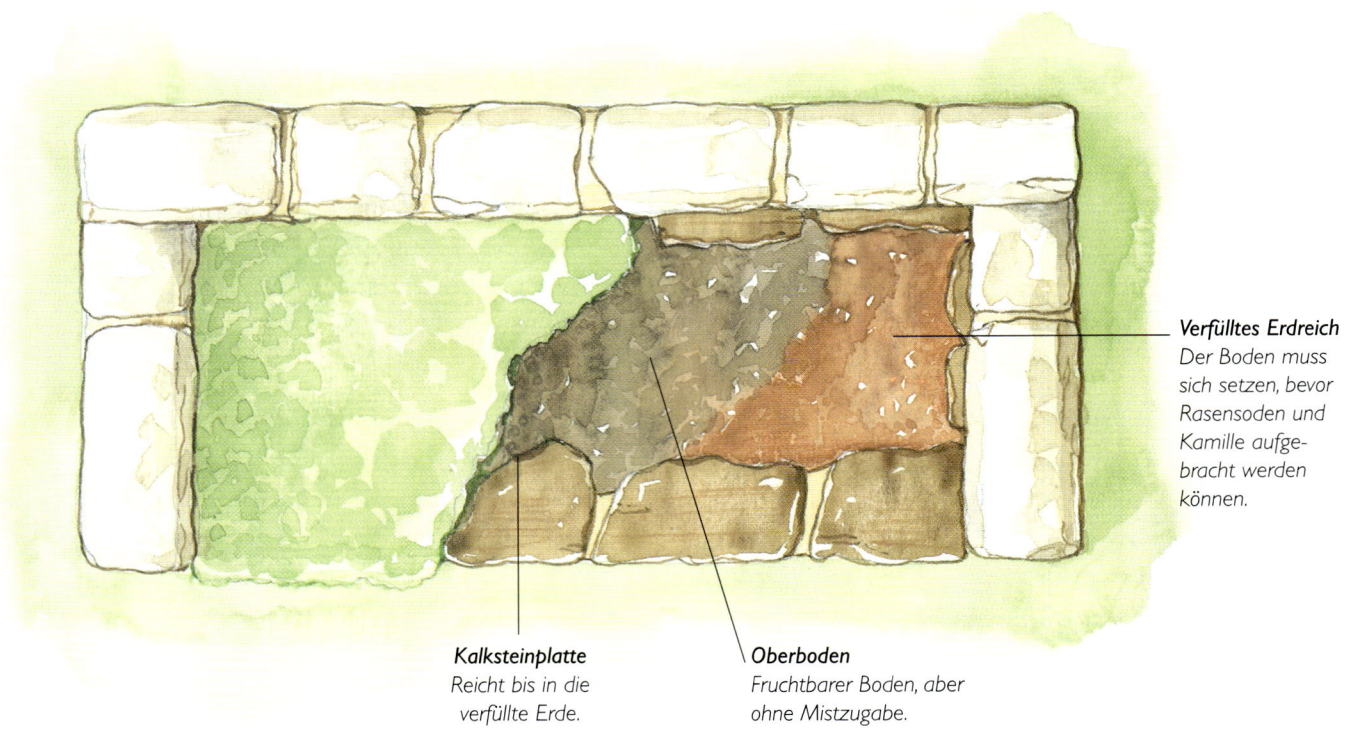

**Verfülltes Erdreich**
Der Boden muss sich setzen, bevor Rasensoden und Kamille aufgebracht werden können.

**Kalksteinplatte**
Reicht bis in die verfüllte Erde.

**Oberboden**
Fruchtbarer Boden, aber ohne Mistzugabe.

## ISOMETRIE UND AUFBAU DER STEINBANK

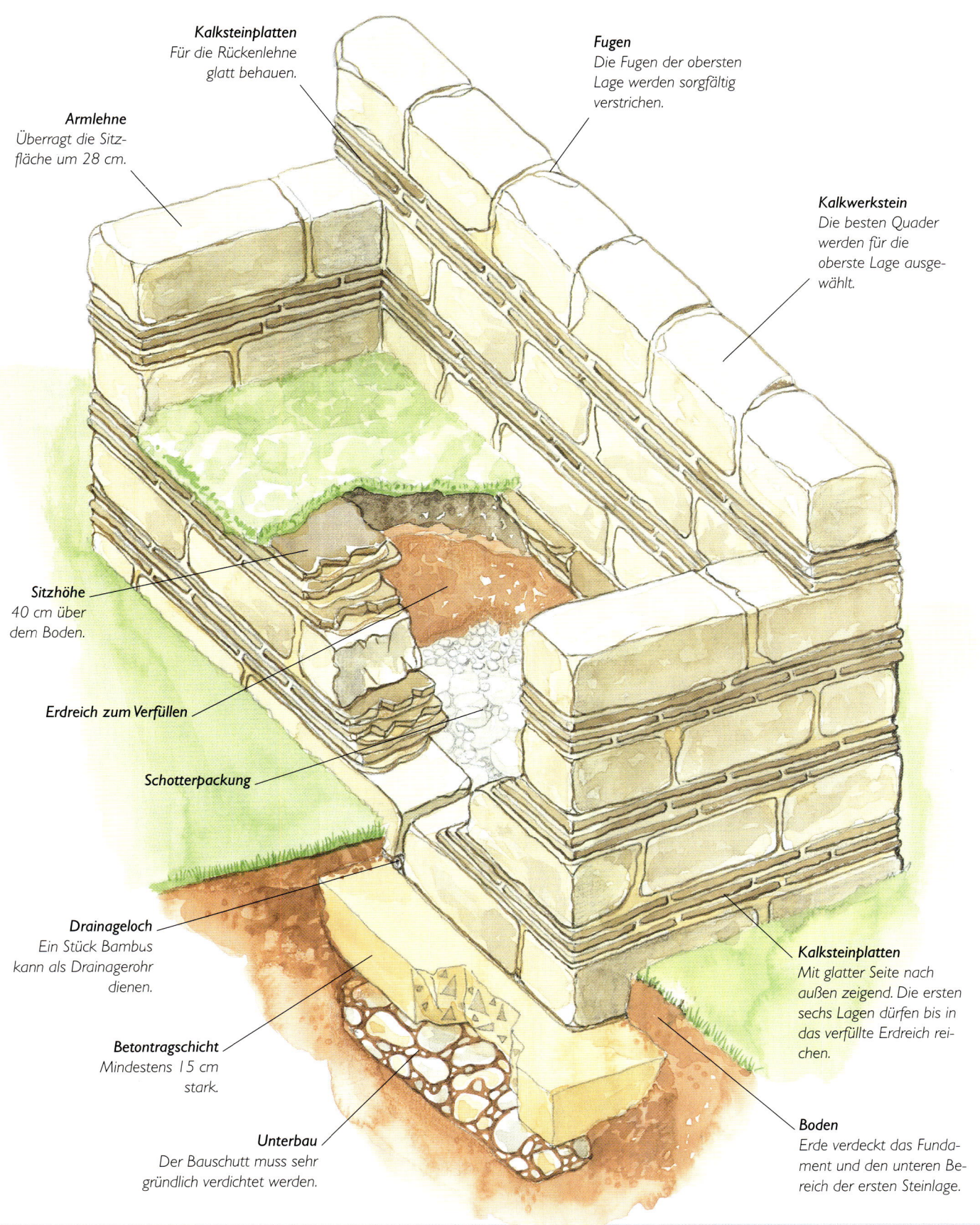

**Kalksteinplatten**
Für die Rückenlehne
glatt behauen.

**Fugen**
Die Fugen der obersten
Lage werden sorgfältig
verstrichen.

**Armlehne**
Überragt die Sitz-
fläche um 28 cm.

**Kalkwerkstein**
Die besten Quader
werden für die
oberste Lage ausge-
wählt.

**Sitzhöhe**
40 cm über
dem Boden.

**Erdreich zum Verfüllen**

**Schotterpackung**

**Drainageloch**
Ein Stück Bambus
kann als Drainagerohr
dienen.

**Betontragschicht**
Mindestens 15 cm
stark.

**Unterbau**
Der Bauschutt muss sehr
gründlich verdichtet werden.

**Kalksteinplatten**
Mit glatter Seite nach
außen zeigend. Die ersten
sechs Lagen dürfen bis in
das verfüllte Erdreich reichen.

**Boden**
Erde verdeckt das Funda-
ment und den unteren Be-
reich der ersten Steinlage.

## Schritt für Schritt: **So bauen Sie eine Steinbank mit Kamillenpolster**

**Ausmessen**
*Messen Sie die Umrisse mit dem Maßband aus.*

**Probelauf**
*Legen sie die Quader erst trocken aus.*

**Tragschicht**
*Eine 15 cm starke Beton-platte.*

**Ansichtsfläche**
*Setzen Sie die Steine mit der schönsten Seite nach außen.*

**Passgenaues Arbeiten**
*Tauschen Sie die Steine, bis sie optimal passen.*

**1** Füllen Sie eine etwa 180 × 100 × 30 cm große Grube halbvoll mit Schotter und verdichten Sie ihn. Setzen Sie die Schalhölzer, schütten und verdichten Sie Beton bis zur Oberkante. Markieren Sie die Umrisse der Bank auf dem getrockneten Beton.

**2** Ordnen Sie die Kalksteinquader so passgenau wie möglich an; entlang der Markierung sollte die schönste Seite nach außen zeigen. Feuchten Sie die Steine an, bereiten Sie mit Maurer- und Spitzkelle ein Bett aus steifem Mörtel und setzen Sie die Steine hinein.

**Füllboden**
*Geben Sie Bauschutt und als zuoberst Oberboden in den Hohlraum.*

**Nivellieren**
*Kontrollieren Sie jede Lage mit der Wasser-waage.*

**3** Die Steinplatten klopfen Sie mit dem Maurerhammer sorgfältig passend und setzen sie in ein Mörtelbett. Legen Sie eine dreifache Lage Steinplatten, danach wieder eine Lage Kalkwerk-steine. Arbeiten Sie im gleichen Wechsel weiter und kontrollieren Sie immer wieder mit der Wasserwaage.

### *Unser Tipp*

Verwenden Sie besondere Mühe auf die Wahl der Steinplatten für die Ecken, die besonders gut passen sollten; die übrige Steinlage ergibt sich dann fast von selbst.

*Eckstein*
*Richten Sie die bearbeiteten Ecksteine exakt aus.*

*Armlehne*
*Die Armlehne wird im Verbund mit der Rückenlehne gesetzt.*

*Höhe der Armlehne*
*Mauern Sie die Armlehne 28 cm höher als die Sitzfläche.*

*Rückenlehne*
*Die Rückenlehne überragt die Seiten um eine dreifache Lage Steinplatten und eine Lage Kalksteinquader.*

**4** Haben Sie die Sitzhöhe erreicht (etwa 43 cm – zwei Lagen Kalksteinquader, sechs Lagen Steinplatten), füllen Sie den Trog mit Schotter und abschließend Oberboden. Nun beginnen Sie, die Armlehnen zu mauern.

**5** Mauern Sie die Armlehnen 28 cm über Sitzhöhe auf (zwei Lagen Quadersteine und eine dreifache Lage Kalksteinplatten). Mauern Sie die Rückenlehne bis zu einer Gesamthöhe von 87 cm über dem Boden.

*Reinigen*
*Reinigen Sie die oberste Lage der Rückenlehne ganz besonders sorgfältig.*

**6** Wenn der Mörtel vollständig ausgehärtet ist, reinigen Sie das Mauerwerk auf allen Seiten mit einer Drahtbürste. Geben Sie Acht, dass Sie die geglätteten Fugen der obersten Lage nicht aufrauen.

*Reinigen*
*Entfernen Sie sämtliche Mörtelreste von den Oberfläche der Kalkwerksteine.*

*Drahtbürste*
*Mit der Drahtbürste arbeiten Sie die Fugen nach; reinigen Sie das gesamte Mauerwerk anschließend mit einem feuchten Schwamm.*

# Tisch mit Säulenfuß

Wer genießt es nicht, an einem Sommerabend in einem bequemen Stuhl in seinem Garten zu sitzen und an einem kühlen Longdrink zu nippen? Vervollständigt wird dieses Bild durch unseren einzigartigen Säulenfuß-Tisch, auf dem Sie Ihr Glas abstellen können.

### ZEITAUFWAND

Zwei Wochenenden (Fundament: acht Stunden; Säule: 18 Stunden; Tischplatte aufsetzen: zwei Stunden)

### SICHERHEIT

Die Tischplatte ist unglaublich schwer – zum Anheben sind wenigstens vier starke, kräftige Menschen nötig.

## WAS SIE BENÖTIGEN

**Material** für einen 91 cm hohen Tisch von 90 cm Kantenlänge

- Mörtel: 1 Teil (10 kg) Zement, 2 Teile (20 kg) Kalk, 8 Teile (80 kg) Feinsand
- Beton B 15: 1 Teil (25 kg) Zement, 2 Teile (50 kg) Brechsand, 4 Teile (100 kg) Zuschlag
- Schiefer- oder Sandsteinplatte für den Tisch: etwa 90 × 90 × 13 cm
- Steinplatten für den Sockel und den Säulenabschluss: zwei Platten von etwa 57 × 57 × 9 cm
- Kalksteinplatten: 5 m² alte Steinplatten, etwa 1,5 cm stark
- Unterbau: 170 kg Schotter oder Bauschutt 0/32 mm

**Werkzeug**

- Schubkarre
- Sackkarre
- 10-Liter-Eimer
- Maßband, Kreide
- Schaufel und Spaten
- Vorschlaghammer
- Schalholz: vier Kanthölzer à 66 × 8 × 5 cm
- Kantholz: etwa 60 × 8 × 5 cm
- Reibebrett
- Wasserwaage
- Pflock und Schnur
- Maurerkelle
- Maurerhammer
- Spitzkelle

## RUND UM DEN TISCH

Im Vergleich zu unseren übrigen Bauvorschlägen ist dieses Unterfangen gigantisch. Für die Säule wurden eine Menge Steine verarbeitet, und zum Anheben der Tischplatte sind wenigstens vier starke Menschen nötig. Als erstes müssen Sie also überlegen, wie Sie das Steinmaterial transportieren wollen. Wollen Sie etwa mit dem Tisch in den entlegensten Gartenteil – über die Brücke, um den Teich herum und dann noch hinter die Rabatte –, haben Sie sich ganz schön was vorgenommen. Sie werden Familie und Nachbarn um Hilfe bitten müssen. Wir haben die dünnen Steinplatten in der Schubkarre transportiert und die stärkeren Platten für Sockel und Abschluss mit der Sackkarre.

Für die Säule wählen und bearbeiten Sie die Kalksteinplatten passend zur Rundung, setzen sie in Mörtel, füllen die Kreismitte mit Bruchsteinen aus und legen die nächste Mörtellage auf. Alle paar Lagen kratzen Sie die Fugen aus, um den Stein freizulegen, und kontrollieren die waagerechte Ausrichtung der Steine mit der Wasserwaage.

## QUERSCHNITT DURCH DEN TISCH

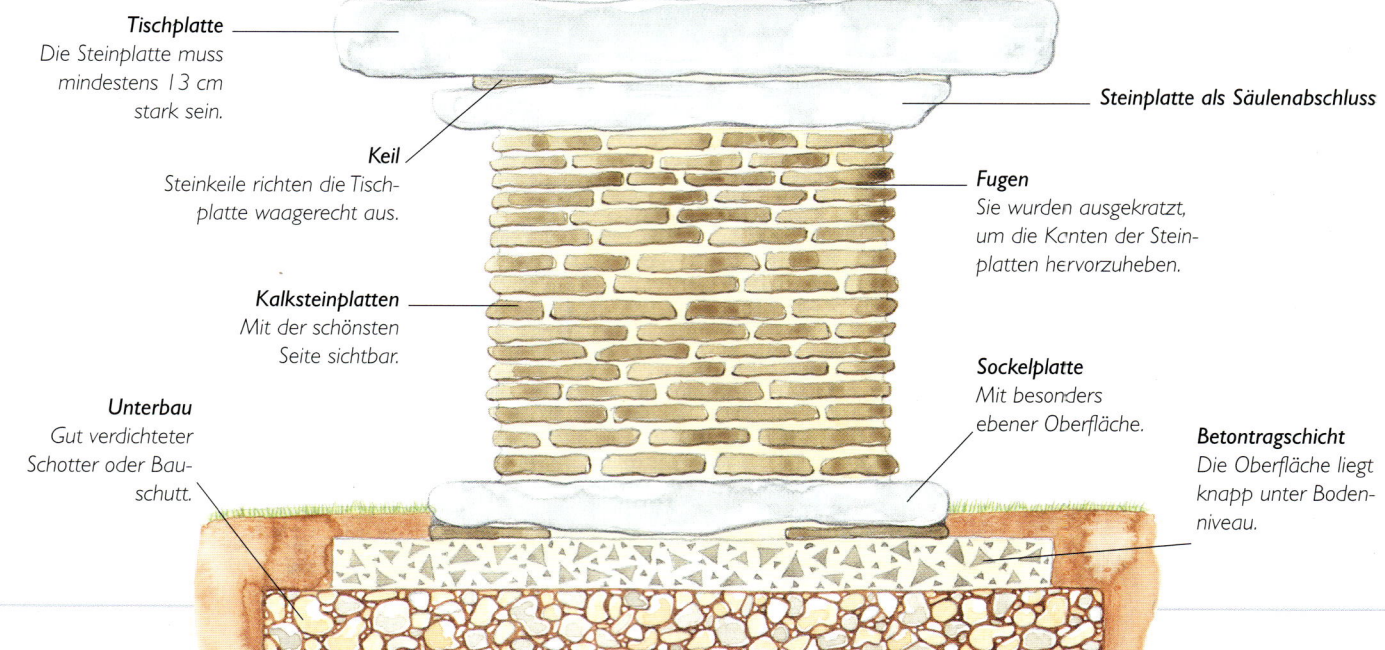

**Tischplatte**
*Die Steinplatte muss mindestens 13 cm stark sein.*

**Keil**
*Steinkeile richten die Tischplatte waagerecht aus.*

**Kalksteinplatten**
*Mit der schönsten Seite sichtbar.*

**Unterbau**
*Gut verdichteter Schotter oder Bauschutt.*

**Steinplatte als Säulenabschluss**

**Fugen**
*Sie wurden ausgekratzt, um die Kanten der Steinplatten hervorzuheben.*

**Sockelplatte**
*Mit besonders ebener Oberfläche.*

**Betontragschicht**
*Die Oberfläche liegt knapp unter Bodenniveau.*

# Tisch mit Säulenfuß

## VORDERANSICHT DES TISCHES

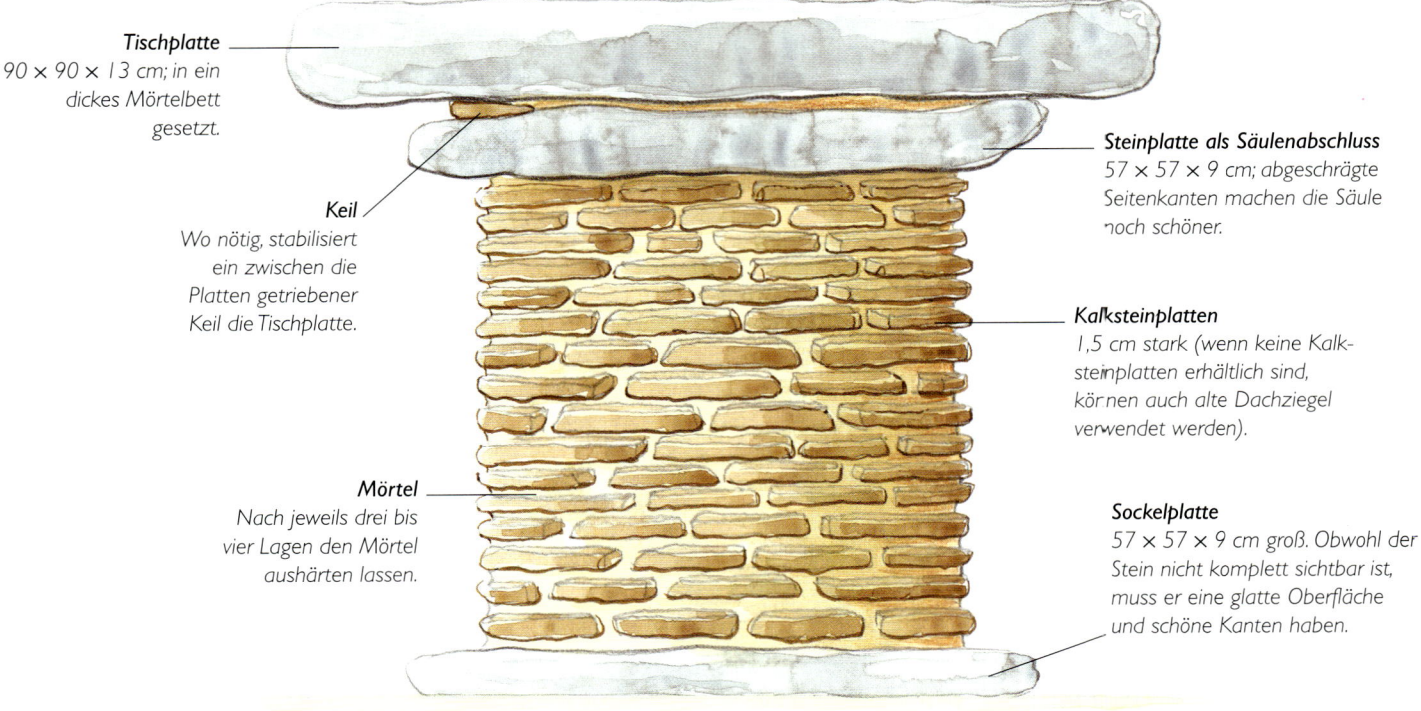

**Tischplatte**
90 × 90 × 13 cm; in ein dickes Mörtelbett gesetzt.

**Steinplatte als Säulenabschluss**
57 × 57 × 9 cm; abgeschrägte Seitenkanten machen die Säule noch schöner.

**Keil**
Wo nötig, stabilisiert ein zwischen die Platten getriebener Keil die Tischplatte.

**Kalksteinplatten**
1,5 cm stark (wenn keine Kalksteinplatten erhältlich sind, können auch alte Dachziegel verwendet werden).

**Mörtel**
Nach jeweils drei bis vier Lagen den Mörtel aushärten lassen.

**Sockelplatte**
57 × 57 × 9 cm groß. Obwohl der Stein nicht komplett sichtbar ist, muss er eine glatte Oberfläche und schöne Kanten haben.

## DRAUFSICHT AUF DEN TISCH

**Tischplatte**
Der Mörtel stützt die Steinplatte, doch in erster Linie liegt sie durch ihr Eigengewicht fest.

**Säulenabschlussplatte**

**Kalksteinplatten**
Gerundete Kanten sind nach außen gesetzt, damit die Säule ihre Form erhält.

**Mörtel**
Eine dicke Mörtelschicht gleicht Unregelmäßigkeiten der Tischplatte aus.

**Sockelplatte**
Vor Baubeginn der Säule prüfen Sie die Platte auf exakt waagerechte Ausrichtung.

## DETAILLIERTER AUFBAU

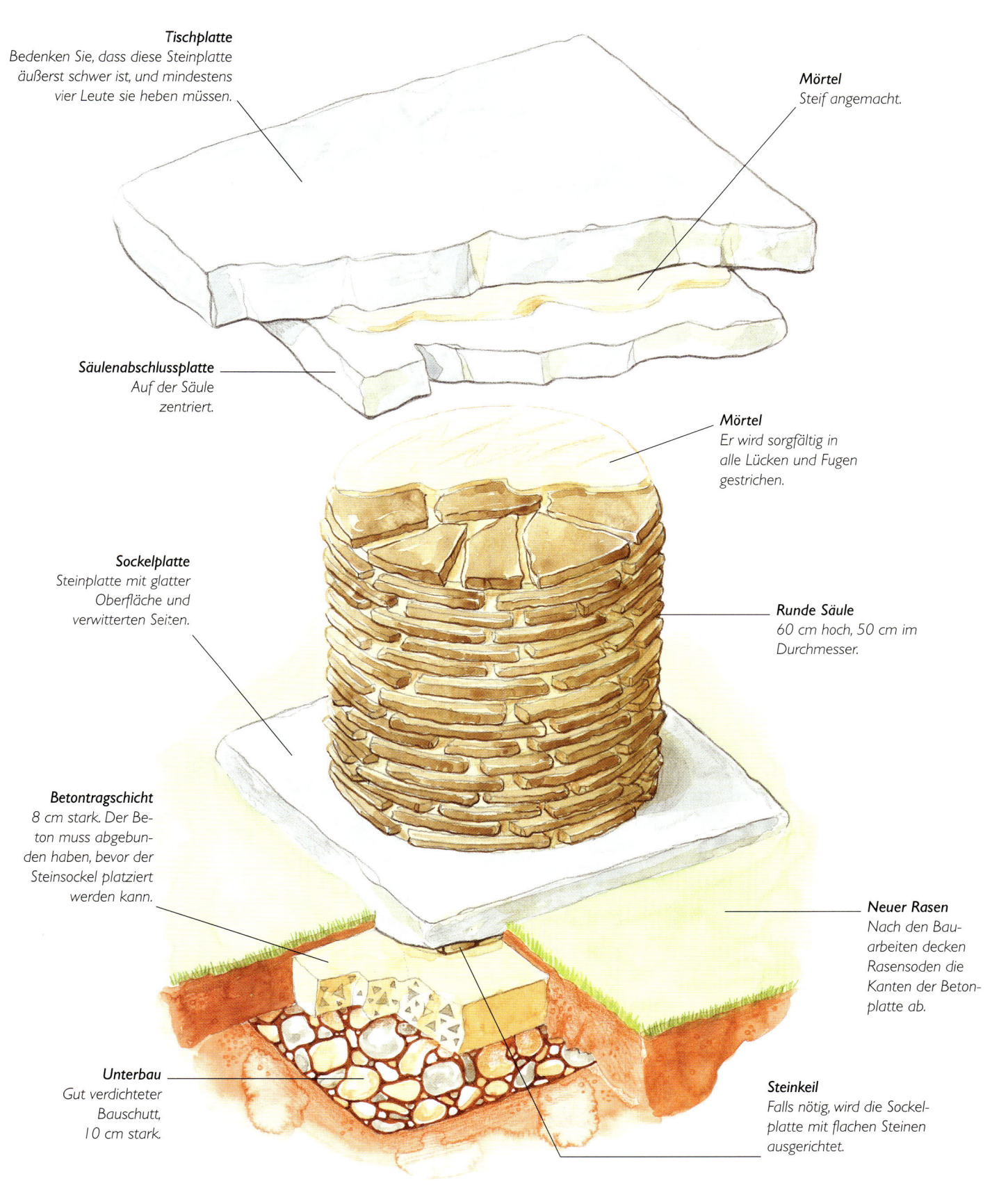

**Tischplatte**
Bedenken Sie, dass diese Steinplatte äußerst schwer ist, und mindestens vier Leute sie heben müssen.

**Mörtel**
Steif angemacht.

**Säulenabschlussplatte**
Auf der Säule zentriert.

**Mörtel**
Er wird sorgfältig in alle Lücken und Fugen gestrichen.

**Sockelplatte**
Steinplatte mit glatter Oberfläche und verwitterten Seiten.

**Runde Säule**
60 cm hoch, 50 cm im Durchmesser.

**Betontragschicht**
8 cm stark. Der Beton muss abgebunden haben, bevor der Steinsockel platziert werden kann.

**Neuer Rasen**
Nach den Bauarbeiten decken Rasensoden die Kanten der Betonplatte ab.

**Unterbau**
Gut verdichteter Bauschutt, 10 cm stark.

**Steinkeil**
Falls nötig, wird die Sockelplatte mit flachen Steinen ausgerichtet.

# Schritt für Schritt: **So bauen Sie den Tisch mit Säulenfuß**

*Glätten*
*Reiben Sie den Beton glatt.*

*Kalksteinplatten*
*Legen Sie die Steine in Reichweite zurecht.*

*Verschalung*
*Die Verschalung hat eine Seitenlänge von 64 cm.*

*Nivellieren*
*Mit der Wasserwaage kontrollieren Sie die waagerechte Ausrichtung der Steinplatte.*

*Ausrichten*
*Richten Sie die Sockelplatte an den diagonalen Hilfslinien aus.*

**I** Schachten Sie für das Fundament ein etwa 20 cm tiefes quadratisches Loch mit einer Seitenlänge von etwa 70 cm aus und füllen Sie es zur Hälfte mit Schotter oder Bauschutt. Verdichten Sie ihn mit dem Vorschlaghammer. Bauen Sie auf dieser Schicht aus dem Holz eine 8 cm hohe Verschalung mit einer Seitenlänge von 64 cm. Füllen Sie die Schalung mit Beton, ziehen Sie diesen mit dem Kantholz ab und glätten Sie ihn mit dem Reibebrett.

**2** Entfernen Sie die Verschalung, wenn der Beton fest ist. Zeichnen Sie die Diagonalen an, um den Mittelpunkt des Fundaments zu bestimmen, und platzieren Sie dort die Sockelplatte. Kontrollieren Sie ihre waagerechte Ausrichtung mit der Wasserwaage. Gleichen Sie gegebenenfalls mit flachen Steinen aus.

*Steinkreis*
*Legen Sie einen 50 cm-Kreis aus Steinplatten in das Mörtelbett.*

*Nivellieren*
*Kontrollieren Sie nach jeweils fünf Lagen die waagerechte Ausrichtung.*

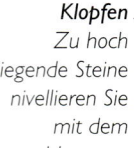

*Ausfüllen*
*Füllen Sie Hohlstellen unter den Kanten der Sockelplatte mit Mörtel aus.*

*Klopfen*
*Zu hoch liegende Steine nivellieren Sie mit dem Hammer.*

*Zurechtkürzen*
*Kürzen Sie die Steine möglichst passend.*

**3** Ermitteln Sie den Mittelpunkt der Sockelplatte ebenfalls mit Diagonalen. Von hier aus markieren Sie mit einer 25 cm langen Schnur den 50 cm-Kreis. Ordnen Sie hier eine erste Schicht Kalksteinplatten in einem Mörtelbett an.

**4** Wenn Sie etwa fünf Lagen Kalkstein gelegt haben, korrigieren Sie den Sitz hervorstehender Steine mit dem Maurerhammer. Kontrollieren Sie immer wieder mit der Wasserwaage. Mauern Sie die Säule bis zu einer Höhe von 60 cm.

**Fluchten**
Korrigieren Sie den Sitz
hervorstehender Steine.

**Mörtelbett**
Geben Sie eine großzügige
Mörtelschicht auf die Säule.

**Ausfüllen**
Füllen Sie die
Kreismitte mit
Bruchstein und
Mörtel.

**Lagerfuge**
Kratzen Sie die
Fugen aus, um
die Steinkanten
sichtbar zu
machen.

**Säulenhöhe**
Eine Höhe von
60 cm ist ideal.

**5** Kontrollieren Sie von allen Seiten, ob die Säule lotrecht ist, und klopfen Sie hervorstehende Steine mit dem Maurerhammer zurück.

**6** Verteilen Sie mit der Spitzkelle Mörtel großzügig auf die oberste Lage der fertigen Säule und setzen Sie die Abschlussplatte vorsichtig auf. Kontrollieren Sie, ob sie waagerecht zu der Sockelplatte liegt.

**Mörtelbett**
Geben Sie eine dicke
Schicht Mörtel auf die Säulen-
abschlussplatte.

**Keile**
Mit flachen
Steinresten
nehmen Sie den
Höhenausgleich
vor.

**7** Legen Sie ein dickes Mörtelbett auf die Abschlussplatte und hieven Sie dann gemeinsam mit Ihren Helfern die Tischplatte darauf. Kontrollieren Sie ihre Ausrichtung mit der Wasserwaage. Liegt die Tischplatte nicht waagerecht, können Sie mit flachen Steinkeilen ausgleichen.

## Unser Tipp

Die altbewährte Sackkarre ist für schwere Steinarbeiten wie das Transportieren von Platten und Zementsäcken ebenso ideal wie zur Erleichterung von Gartenarbeit, denn Sie entlastet Ihren Rücken ungemein.

# Nützliche Begriffe

**Abbinden** – Aushärten von Beton oder Mörtel.

**Abbindezeit** – Zeit bis zum vollständigen Aushärten von Beton oder Mörtel.

**Abstecken** – Die Ausmaße eines Fundaments festlegen und mit Pflöcken und Schnur markieren.

**Alter Naturstein** – Wiederverwerteter Stein aus altem Mauerwerk; siehe auch gebrauchtes Baumaterial.

**Anböschen** – Erdreich wallartig gegen eine Mauer o.ä. aufschütten.

**Anlauf (auch Dossierung)** – Neigung einer Böschungsmauer um etwa 10 % nach hinten zur erhöhten Stabilität.

**Anmachen** – Anmischen von Mörtel.

**Ausgleichen** – Mit dünnen Steinkeilen größere Steine auf das gewünschte Niveau bringen.

**Auskratzen** – Mit der Kelle einen Teil des Mörtels aus einer Fuge entfernen, um die Steinkanten deutlich hervortreten zu lassen.

**Ausrichten** – Einen Stein in der Waagerechten und/oder Senkrechten zurechtrücken und/oder fixieren.

**Behauen** – Einen Stein mit Hammer, Meißel oder Kelle passend zurechtklopfen, ihn glätten oder strukturieren.

**Binder** – Quer gesetzter Stein, der das Mauerwerk stabilisiert.

**Bruchstein** – Die beim Behauen abfallenden Steinreste, zerkleinertes Steinmaterial.

**Drainageschicht** – Eine Schicht aus Schotter oder Kies, die den Wasserabzug gewährleistet.

**Einbetten** – Einen Stein waagerecht in ein Mörtelbett setzen.

**Einpassen** – Mit Hammer, Meißel oder Maurerkelle einen Stein passend machen; sich ergänzende Steine nebeneinander verlegen.

**Feldstein** – siehe Findling.

**Findling** – Unbehauener kleinerer bis großer Stein.

**Fluchten** – An einer Mauer entlang schauen, um festzustellen, ob alle Steine gleichmäßig lotrecht oder geneigt liegen.

**Fugen glätten/abziehen** – Mit Kelle, Holz oder Fugeisen den Mörtelfugen das gewünschte Aussehen verleihen.

**Glätten** – Mit einem Reibebrett aus Metall, Plastik oder Holz feuchten Mörtel oder Beton plan und glatt abreiben.

**Grit** – Sehr feiner Splitt.

**Gebrauchtes Baumaterial** – „alten" Stein bekommen Sie entweder im Spezialhandel, bei Recycling-Baustofffirmen oder – mit etwas Glück – bei einem städtischen Bauhof.

**Hohlblock** – Beton- oder Kunststein oder Tonziegel, der aus herstellungstechnischen Gründen und für eine leichtere Verarbeitbarkeit Hohlräume enthält.

**Kalkzementmörtel** – Mörtel, der aus Zement, Kalk und Sand angemacht ist.

**Kies** – Meist grob nach Größe sortiert und je nach Gesteinsart unterschiedlich gefärbt.

**Kopf** – Sichtbare Schmalseite eines Mauersteins.

**Lage** – Die einzelne Steinschicht einer Mauer.

**Lager** – Die natürliche, der Schichtung entsprechende Ausrichtung, in der der Stein im Steinbruch vorgefunden wird; ein lagerrechter verlegter Stein weist die größte Bruchfestigkeit auf.

**Lagerfuge** – Waagerechte Fuge.

**Markieren** – Mit Maßband und Kreide einen Stein oder ein Fundament ausmessen und anzeichnen.

**Mischfläche** – Brett, auf dem Mörtel oder Beton angemischt wird.

**Nivellieren** – Mit der Wasserwaage die waagerechte oder lotrechte Ausrichtung eines Bauwerks oder Steines überprüfen und gegebenenfalls ausgleichen.

**Polygonalplatten** – Scherbenartige Bruchsteinplatten.

**Probedurchlauf** – Siehe „Trocken auslegen".

**Schichtung** – Aus der Mineralablagerung entstandene Bänder im Sedimentgestein.

**Schotter** – Scharfkantiger Gesteinsbruch von mittlerer bis gröberer Körnung.

**Spalten** – Den Stein parallel zur Lagerrichtung teilen.

**Splitt** – Scharfkantiger Gesteinsbruch von kleiner Körnung.

**Stampfen** – Mit einem Streichbrett oder Kantholz feuchten Beton verdichten oder Beläge mit dem Handstampfer nivellieren.

**Stoßen** – Den Stein senkrecht zum Lager teilen.

**Stoßfuge** – Senkrechte Fuge.

**Trocken auslegen** – Ein Bauwerk zur Probe ohne Beton und Mörtel errichten.

**Unterbau** – Eine Schicht aus verdichtetem Schotter, Bauschutt oder Gesteinsbruch (auch Packlage).

**Verdichten** – Mit einem Hammer oder dem eigenen Körpergewicht eine Lage Sand, Erde, Schotter o. ä. komprimieren; Höhenverlust von etwa einem Drittel.

**Verfüllen** – Den Hohlraum um ein Fundament o. ä. mit Erdreich auffüllen.

**Werkstein** – Bearbeiteter Naturstein oder auch bearbeitet wirkender Kunststein („Betonwerkstein").

**Zementmörtel** – Mörtel, der aus Zement und Sand angemacht ist (hohe Festigkeit).

**Zuschlag** – Bestandteil von Beton (z.B. Kies, Schotter, Splitt).

## Danksagung

Die Autoren möchten dem Fotografen Ian Parsons ihren Dank dafür aussprechen, dass er bei den schwersten Steinen selbst mit Hand angelegt hat.

AG&G Books danken den folgenden Bildquellen für ihre freundliche Unterstützung: Dennis Davis Photography Design (S. 68, S. 94 oben und unten); Garden and Wildlife Matters (S. 46 unten und S. 69 Nebenbild) und John Glover Photography (S. 46 oben).

# Bezugsquellen

Bei den aufgeführten Firmen handelt es sich oft um den Vertrieb von Fertigerzeugnissen. Eine Bezugsmöglichkeit der Baumaterialien besteht bei Kieswerken, Recycling- und Abbruchfirmen vor Ort sowie beim städtischen Bauhof; hier kann man oft zu günstigen Konditionen gebrauchte Materialien beziehen.

Böhme Natursteine
Steinstraße 57
44534 Lünen
Tel: 02306/7 17 73
Fax: 02306/5 50 59
*Natursteinpflaster neu und alt, Natursteinartikel, Findlinge und Bruchsteine, japanische Leuchten, Natursteinplatten und Spezialkiesel, Bänke und Tränken.*

W. Dornquast
Natur-Stein-Werk
Gutenbergstraße 17
21423 Winsen/Luhe
Tel: 04171/20 53
Fax: 04171/6 37 36
*Pflaster, Findlinge, Bordsteine, Mauerwerk, Verblender, Platten.*

Garhammer
Buchenweg 2
94536 Eppenschlag
Tel: 09928/16 86
Fax: 09928/71 17
*Granitsäulen, Steinfiguren, Wasserspiele, Granit- und Blumentröge, Platten, Pflaster.*

T. Hormesch, Inh. N. Hormesch
Industriestraße 3
54634 Bitburg
Tel: 06561/30 67
Fax: 06561/71 08
*Natur- und Betonwerkstein, Sandsteinabbildungen, Brunnen, Säulen, Ballustraden, Reliefs, Figuren u.v.m.*

Kautz und Manegold
Rheinkamper Str. 2
47495 Rheinberg
Tel: 0203/87 28 41
Fax: 0203/87 29 42
*Marmor und Granite aus vielen Importländern.*

E. Mauritz
Marmor – Granit – Porphyr
Niederhofen 14
92367 Pilsach
Tel: 09186/90 28 92
Fax: 09186/90 28 97
*Mauersteine, Treppenbeläge, Pflastersteine, Findlinge, Fensterbänke, Bodenplatten u.v.m.*

Mondial Marmor GmbH
Bajuwarenstraße 35
81825 München - Straßtrudering

H&K Natursteinhandel
Unzhurster Straße 2
77839 Lichtenau
Tel: 07227/99 00 45
Fax: 07227/99 00 46

R. Nels GmbH
Waxweiler Straße 11a
54636 Rittersdorf
Tel: 06561/9 43 30
Fax: 06561/94 33 10
*Naturstein- und Betonpflaster, Natursteinmauerwerk, Verblendmauerwerk, Treppenanlagen, Terrassenbeläge, Eingrenzungen, Gartenwege.*

N-SB
Königsberger Straße 264
48157 Münster
Tel: 0251/32 81 00
Fax: 0251/32 81 04

PS asiastone
Naturstein – Marmor – Granit
Landgrabenweg 4
53343 Wachtberg
Tel: 0228/34 36 67
Fax: 0228/34 42 96
*Spezialbetrieb für Naturstein und Produkte aus China.*

Schimmele Kieswerke GmbH
Elchinger Straße 46
89278 Nersingen
Tel: 08285/3 80 o. 07308/25 52
Fax: 08285/91 08 o. 07308/25 52
*Reichhaltiges Angebot an Findlingen in allen Formen und Größen.*

Ratzinger GmbH
Ganghoferstraße 11
94474 Vilshofen
Tel: 08541/59 04
Fax: 08541/69 61
*Natursteinhandel und Pflasterbau.*

R. Reichert
Design aus Stein
Steinbrandweg 1
36088 Hünfeld
Tel: 06652/69 15
Fax: 06652/91 74 18

M. Späth
84144 Geisenhausen bei Landshut
Tel: 08743/73 80
*Wassertröge, Pflanztröge, Säulen aus Granit und Sandstein, Brunnen und Mühlsteine, 100-200 J. alte, handbehauene Steine.*

Tegeder GbR
Natursteinhandel Ibbenbüren
Tel: 05451/27 87
Fax: 05451/74 59 75
*Polygonalplatten, Pflaster, Mauerabdeckungen, Mauersteine in den verschiedensten Ausführungen, Findlinge, Felsen, Ziersteine und -kiesel, Möbel aus Naturstein.*

Wie-Bau GmbH
Maybachstraße 6
71272 Renningen
Tel: 07159/86 63
Fax: 07159/74 26
*Natursteinunikate, Findlinge, Quellsteine.*

WNH Gartengestaltung
Haldenloh B5
86465 Welden
Tel: 08293/90 99 15
Fax: 08293/90 99 15
*Trockenmauern, Findlinge und Zubehör, moderne Gartengestaltung.*

# Register